義見鍾情：

義大利北部之旅

李馥 · Karl Wang

文 · 攝影

U0018625

在丹·布朗最愛的金杯咖啡館裡品酌《天使與魔鬼》情境；到米蘭的史卡拉歌劇院回味《杜蘭朵》的愛恨交織；
走進詩人但丁、小木偶皮諾丘的故鄉；搭乘卡爾維諾的列車，闖進導演費里尼和貝里尼的時光故事隧道；
沉醉於托瑪斯·曼的小說《魂斷威尼斯》；義大利，美到只去一次會後悔！

CONTENTS

作者序　Oh! My God，暈倒在義大利

　　在規劃這趟蜜月旅行前，我曾嚮往去其他地方，例如法國、杜拜。不過，熱愛義大利文化的老公 Karl Wang 卻堅持，一定要去義大利。這點，我是理解的，在我們交往的七、八個年頭，我看的每一場歌劇，都是 Karl Wang 幫我買票。以前對義大利麵有偏見的我，也因他的影響，幾乎每個月就要吃兩次以上的義大利麵。他學義大利文、聽義大利歌劇、喝義式咖啡、愛吃義式料理，使我常常懷疑自己的老公體內有一半是流著義大利人的血。後來，我充分理解他這種「哈義」情懷，因為，義大利不只是會讓人上癮的國度，還像個魔法師，可以讓每個原本理性的人如癡如醉，也可以激發一個不懂藝術的人開始熱中探索，更可以使一個挑食又正在節食的人破功大吃。

　　我記得第一次去上海時，被外灘的夜色震懾，而上海那些哥德式、巴洛克式、羅馬式的大樓，令我戀戀不忘。而真正到義大利看了羅馬及哥德式的建築，目睹無數的教堂、宮殿、藝術畫廊、歷史建築後，那種感覺已經不是震懾足以形容，而是被那種壯闊之美震撼得神魂顛倒。法國作家斯湯達爾（Stendhal）到佛羅倫斯時曾説：「當我確定我的確身在佛羅倫斯……我就一直處於極度興奮、心醉神迷的狀態。當我全神貫注凝視這些莊嚴雄偉之美時，我感受到自己好像身在天境般喜悅……我聽得到自己的心跳，生命好像從我的體內流逝，暈眩讓我幾乎無法行走……」後來，有專家把這種症狀稱為斯湯達爾症候群（Stendhal Syndrome）。

我常戲稱 Karl Wang 是哈義族，而我則是哈娃族，不管到哪裡旅行，一雙眼睛總不由自主注視那些可愛的小嬰孩。在臺灣有一個電視廣告，是許多西方嬰孩聚集在一起的餅乾廣告，其中有一個嬰孩的臺詞是：「Oh! My God，暈倒。」這趟義大利之旅，我宛如那無厘頭的西方嬰孩，當我看到瑰麗夢幻的聖母百花大教堂時，不由自主發出一句：「Oh! My God，暈倒。」在威尼斯那彷彿被紅酒微醺的迷離氛圍下，又發出一句：「Oh! My God，暈倒。」十多天的義大利之旅，我那句「Oh! My God」就像不斷重複的口頭禪，連 KarlWang 也被感染了。

　　旅遊一趟義大利，會覺得，即使花上幾個月，也是走馬看花，未必能將想要逛的景點看夠。不過，這就是義大利最迷人之處，她的風情萬種、千嬌百媚，就像個永遠摸不透的女神，值得一再遊覽、反覆回味。

　　我希望這不只是一本旅遊導覽書，更是義大利的藝術、文學、歌劇、電影啟蒙書。對我來說，旅行的意義不僅是吃、喝、玩、樂，而是在每一趟旅程中，找到關於人文與心靈的悸動，以及生命的思考，期盼我們這本情「義」相投的作品，能引起更多讀者的共鳴。

李馥

作者序　只去義大利一次，一定會後悔

你知道嗎，那檸檬花開的地方，
茂密的綠葉中，橙子金黃，
藍天上送來宜人的和風，
桃金孃靜立，月桂梢頭高展，
你可知道那地方？
前往，前往，
我願跟隨你，愛人啊，隨你前往！

——摘自歌德〈迷孃曲〉，楊武能 譯

是的，我們終於去了義大利。為了什麼呢？為了雄踞千年的競技場，為了玫瑰紅與松綠配色的聖母百花大教堂，為了金碧輝煌的聖彼得與聖馬可廣場，為了自由徜徉於托斯卡納鄉間，為了一嘗這美食王國的濃郁與香甜。

這片土地處處流瀉著陽光：從餐桌上的橄欖油、甜點上黃澄澄的奶油、濃縮咖啡上金黃的奶油，橙瓦黃牆的房屋，乃至男高音唱出的九個高音 C。更不必說她那豐厚的文明遺跡了，這整個國家簡直就是一座大型博物館。

義大利號稱是歐洲的一條腿，所以我們從膝蓋羅馬出發，往北深入她的大腿：人文薈萃的佛羅倫斯、火腿哈密瓜味的帕爾馬、販賣愛情的維洛納、好勇鬥狠的西恩納、時尚幹練的米蘭、波光瀲灩的五漁村，以及海中大魚威尼斯。

城市中的繪畫與雕塑，其實就是義大利人七情六慾的自然流露：有戰鬥前肌肉緊繃的大衛像，有冷靜砍下女妖頭顱的柏修斯（他殺了一個女人！），有伸長脖子、瞪大眼睛的聖人雕像，有形形色色姿態誇張、身軀傾斜，似乎下一秒就要從畫框裡衝出來的畫像，或是栩栩如生的大理石雕像。

　　義大利是感官的，不只是義大利麵、甜點和咖啡，不只是畫像、雕像或柔美或陽剛的線條，還有她那叫人全身三萬六千個毛孔無一不舒暢、絢麗而和諧的色彩。再說些不和諧的吧！義大利的古城中常有石板路，縫隙極大，穿高跟鞋的女性請小心行走。

　　北義的治安還算不錯，但各個觀光區常有扒手出沒。不要以為你認得出扒手的長相，其實吉普賽人跟歐洲人長得比較像，歐洲各國又人種混雜。況且，誰說本土義大利人不會偷雞摸狗？

　　義大利人用餐時不愛喝湯，不管是餐前或餐後，通常搭配水或葡萄酒，可樂也行。餐後若要喝咖啡，記得不要點卡布奇諾，否則等於在向人宣告：「我是個搞怪的觀光客。」記得那句諺語嗎？「在羅馬，就用羅馬人的方式。」（Do in Rome as Romans do.）

　　話說回來，只去義大利一次，一定會讓你後悔；後悔吃不盡那千百種樣式的義大利麵、糕點和冰淇淋；後悔看不完無窮無盡的歷史遺跡和自然美景；後悔帶不走琳瑯滿目的紀念品；後悔拍照拍不出那瞬間色彩與線條、身體與心靈的和諧；後悔不能將時光定格在那陽光和煦的義大利午後。

　　然而，與其後悔，不如學學義大利人的生活哲學：「Piano, piano.」悠哉地享受你的義大利假期吧！

Karl Wang

1

義大利印象

文藝復興藝術三傑

文藝復興（義大利語 Rinascimento），
其字面意思為重生（英語 Rebirth），是指 15 世
紀至 16 世紀，發源於義大利的文化運動。文藝復興所指的
「重生」，即自由主義和人文精神的再生。義大利的佛羅倫
斯被視為文藝復興的誕生地，在詩歌、繪畫、雕刻、建築、音
樂各方面均取得了突出的成就，影響力更遍及整個歐洲。

要談到文藝復興，就不能不提到藝術三巨匠——達文西、米開
朗基羅、拉斐爾，他們為義大利文藝復興時期奠定了穩固的基礎，成
就西方文化自希臘羅馬以來最璀璨榮光的時代。

達文西、拉斐爾、米開朗基羅這三位偉大的藝術家，不只帶領著文
藝復興時期的發展，甚至將當時的繪畫藝術推到巔峰，深深影響後代的藝術發展。

全方位的藝術奇才——達文西

達文西（Leonardo da Vinci，西元 1452 ～ 1519 年），這位集藝術家、科學家、
哲學家、解剖家、建築師、數學家於一身的全方位奇才，可說無人不知，無人不曉。
綜觀美術史，幾乎沒有幾個人能超越達文西的成就。

來自文西鎮的私生子

達文西全名為李奧納多‧達文西（Leonardo da Vinci），達文西誕生於義大利托
斯卡尼省的文西鎮，傳說他的母親是文西鎮的村姑或酒館侍女，而父親是頗受敬重
的公證師（相當於現代的律師），他母親和父親並沒有婚姻關係，所以達文西是個
私生子。可能基於這樣的成長背景，影響了達文西超越世俗性別觀的追求，在達文

西 24 歲時，曾被指控和一名 17 歲的男模特兒有「不名譽的性關係」。而他除了對解剖學有深入的研究，為了探索兩性的奧祕，也畫了男女交媾、男性陽具及胎兒在子宮內生長的作品，當時，這些都被教會認為是離經叛道的題材。

偉大的世界遺產──最後的晚餐

達文西的涉獵又多又廣，他不只是精通於書畫、音樂的文藝青年而已，也精通於科學、解剖學、數學，還發明戰車、大炮等武器，但他留下的畫作並不多，其中最著名的為《最後的晚餐》及《蒙娜麗莎的微笑》。

《最後的晚餐》是文藝復興時期，達文西在米蘭的感恩聖母教堂（Santa Maria delle Grazie）的修道院餐室牆壁上繪成，為米蘭公爵和夫人贊助修道院的作品。畫作內容描繪耶穌自知死期不遠，特邀十二門徒共進晚餐，並在席間宣布在座有一個門徒將背叛他，剎那間，門徒的臉呈現憤怒、震驚、害怕的各種表情，而出賣耶穌的猶大反而看不清他的表情，他是唯一把手肘放在餐桌上的人，而且手中還拿著一個錢袋，裡面或許就是背叛耶穌所得的錢幣。

達文西繪製《最後的晚餐》時，花費很多時間在構圖上，常常望著白牆發呆，修道院遲遲等不到壁畫，還數次向公爵告狀呢！當時，達文西運用極其嚴謹的透視法，讓窗戶的光線自然落在耶穌頭上，形成光環效果（雖是晚餐，但窗戶射進光線其實是要表達耶穌的神性）。但在二次大戰時，炮火擊中修道院，為了保護畫作，軍方與人民以沙包、鋼架、木板將畫作嚴密保護，但劇烈的震動還是加速了壁畫的損害。《最後的晚餐》在 1970 年已經被毀損得很嚴重，幸好經過 20 年的修復，才於 1999 年重新對外開放展出。

五百年曠世巨作──蒙娜麗莎的微笑

《蒙娜麗莎的微笑》據說是佛羅倫斯的富商為妻子所訂製，但達文西最後並沒有將畫交給客戶，反而是帶到法國繼續修改，目前收藏在羅浮宮內。蒙娜麗莎的微笑是一抹最神祕、難以理解的笑，曾經引發各種議論，有人說這是貴婦矜持嫵媚的微笑，也有人說那笑容時而溫柔、時而哀傷，更有人說這是達文西的自畫像，將他的剛毅與少婦的溫柔結合，呈現出陰陽合一之美，而蒙娜麗莎的眼神，彷彿也會隨著觀看而移動似的，帶有生命力。

達文西在 61 歲時來到羅馬，他不再從事藝術創作，專心研究科學。他研究的主題相當廣泛，包括地理、建築、軍事、解剖學，尤其對解剖學有深入研究。但卻

替他招來很多謠言與誹謗，像是罵他是怪物、巫師、殘害別人肉體等，教宗甚至因此受不了壓力而將達文西驅逐出羅馬。他一直到晚年才幸運獲得法王法蘭西斯一世（François I）青睞，並在 1519 年客居法國時去世。達文西的熱潮，從文藝復興時期延續至今，和他相關的展覽、電影、戲劇、小說更是琳琅滿目，這個震古鑠今的奇才，所引起的達文西效應歷久不衰，這股熱潮不知還要持續幾百年呢！

據說，憑藉電影《鐵達尼號》而紅遍全球的美國男演員李奧納多‧狄卡皮歐（Leonardo DiCaprio），因為母親懷孕時，在義大利一家美術館欣賞達文西的畫作，而還未出生的孩子踹了她的肚子，所以她就用達文西的名字「Leonardo」來為自己的孩子命名呢！

MEMO

俊美優雅的幸運寵兒──拉斐爾

拉斐爾（Raffaello Sanzio，西元 1483 ～ 1520 年），出生於烏爾比諾城的一個藝術世家，父親本身就是宮廷畫家，從小便跟隨父親出入宮廷，他聰敏、俊美，倍受宮中藝術家的賞識，且自幼受到良好的藝術薰陶。拉斐爾 7 歲喪母，11 歲喪父，所以他 11 歲時就向父親的朋友畫家維提（Timoteo Viti）學藝，三年後，14 歲的拉斐爾又投向藝術大師裴路幾諾（Pietro Perugino）門下，由於拉斐爾善於模仿的功力，加上謙虛學習的性格，使他幾年後就掌握到老師畫藝的精髓。

英年早逝的繪畫王子

拉斐爾 17 歲出師，而 21 歲成名。相較於達文西和米開朗基羅，他可說是一帆風順，在 25 歲時就受到羅馬教宗重用，不過據說，拉斐爾於 37 歲猝逝，死因是他和女友縱慾過度，當天發高燒，卻沒將此事告知醫師，導致病情誤判而撒手人寰。許多藝術史家認為，如果他沒有英年早逝，其實是可以憑著非凡的「畫藝」和順遂的經歷當上紅衣主教。

拉斐爾的畫風典雅、秀美，洋溢著幸福和歡愉的風格。他 21 歲就抵達佛羅倫斯，待在此地的時期也是他繪畫的黃金時期，他拋開門戶成見，吸收了達文西和米開朗基羅的技法，並開創獨樹一格的特色。

擅長優美、溫柔的聖母畫

在佛羅倫斯時期，他除了學習，博采眾長之外，還留下了大量的作品，其中大部分都是柔美的聖母畫，像是《草地上的聖母》、《花園中的聖母》，這兩幅都是以聖母瑪利亞和聖子耶穌及施洗約翰作為畫中人物，他在畫作裡表現出聖母端莊、溫柔、健康、純潔的形象，並表現出慈母和兩個天真爛漫的胖娃娃，洋溢著幸福、歡樂的畫面。

宏偉的經典傑作──雅典學院

除了聖母系列的畫作，拉斐爾最著名的作品莫過於收藏於梵蒂岡博物館的《雅典學院》，是拉斐爾受儒略二世（Pope Julius II）所邀，在 1509 ～ 1510 年間創作的一幅溼壁畫，在透視點的兩人分別為柏拉圖及亞里士多德，整個背景和構圖，如同舞臺空間（以現在的說法就是呈現 3D 繪圖效果），使觀眾在看這幅畫時更有臨場感。此作品以古希臘的哲學家柏拉圖興辦雅典學院為題材，共塑造 52 位哲學家、藝術家、科學家和學者，討論學術問題與人生的真理。畫中每位人物的形象栩栩如生且表情豐富，整個場面相當宏偉，構圖層次分明，以宏偉的古羅馬半圓形拱門為背景，體現了文藝復興時期人文主義者對希臘精神的崇拜。

拉斐爾去世後，被安葬在羅馬最神聖的萬神殿。詩人 Bembo 曾為他寫下墓誌銘：「在他生前，大自然擔心他活著會勝過自己，但現在他長眠了，大自然又唯恐自己死去。」道盡了拉斐爾在世人心中不朽的地位。

拉斐爾擅長精準描繪人物肖像的外觀，以及捕捉人物的內心世界，因此，一幅單純的畫像，在他的筆下總是表現得栩栩如生，並且還能看出一些細微的情緒。在拉斐爾的《自畫像》裡，表現出俊美、恬靜又有點憂鬱的臉龐，甚至有人將這幅畫比喻為希臘神話中自戀落水而死、化作水仙的納西瑟斯（Narcissus），透露出幾分自戀與自信。

MEMO

沉鬱又雄渾的藝術開創者──米開朗基羅

米開朗基羅（Michelangelo，西元 1475 ～ 1564 年），是著名的雕刻家、畫家，也是建築師和詩人。他出生於離佛羅倫斯不遠的卡普萊斯鎮，父親是一位地方官，但家庭人口眾多，有一個哥哥、三個弟弟，家庭環境並不富裕。

從小就嶄露繪畫、雕刻的天分

　　米開朗基羅的母親在他 6 歲時就去世了，由奶媽撫養長大，而奶媽的丈夫是個石匠，耳濡目染之下，使他從小就喜歡雕刻和繪畫。一開始，米開朗基羅的父親將他送到拉丁語言學校就讀，但他並不感興趣，仍堅持要學習繪畫，想當藝術家，起初他的父親非常反對，認為身為貴族怎麼可以拿鑿子和畫筆去當工匠？然而米開朗基羅不顧父親的反對與打罵，竟越畫越出色，終於使父親讓步，在他 13 歲那年前往佛羅倫斯，在著名的藝術家基蘭達歐（Domenico Ghirlandiao）的畫室當學徒。米開朗基羅進步得相當快，技巧純熟得足以修改老師的作品，於是基蘭達歐就將他推薦到梅迪奇（Medici）家族創辦的美術學校研習。

　　梅迪奇家族的這所學校當時稱為「庭苑」，是年輕藝術家的教育場所，而梅迪奇大公羅倫佐（Lorenzo de' Medici）的社交圈裡都是文人、學者、藝術家，大大拓展了米開朗基羅的視野，並且充實了他的文化知識，也使人文主義的思想影響到他往後的作品。

登峰造極的巨作──創世紀與最後的審判

　　米開朗基羅的雕刻作品以《聖殤》及《大衛》最為有名（這兩幅作品分別在羅馬及佛羅倫斯兩大城市時會介紹），而繪畫作品則以《創世紀》和《最後的審判》著稱。

　　《創世紀》是羅馬教宗任命米開朗基羅負責西斯汀禮拜堂的裝飾，他從 1508 年 5 月到 1512 年 10 月，歷時長達 4 年多的時間，仰著頭、屈著身子作畫，畫面面積達 14×38.5 平方公尺。最初的任務只是要米開朗基羅畫 12 個人，而完成時，竟有約 300 多人，均取材於《聖經》的開頭部分，有關開天闢地直到諾亞方舟的故事。而中間長形的繪圖中，有一幅是〈創造亞當〉，當上帝創造的指尖傳給了第一個人類亞當時，躺在地上的亞當也在等待喚醒生命與愛的點觸，交織出這幕氣勢雄偉的生命創始景象。

　　《最後的審判》是米開朗基羅在 1535 ～ 1541 年完成的最後一幅巨作，內容描繪世界末日來臨時，將由救世主基督來審判人世間的善惡。畫面大致可分為四個階層：最上層是天國的天使吹著號角，宣告世界末日降臨；中央是耶穌基督，神態威嚴舉起右手準備做最後的審判；下層是受裁決的人群；最底層則是地獄。而位於基督的右下方是使徒聖巴多羅買（St. Bartholomew），手中拿著一張殉道時所被割下的

人皮，這張奄奄一息的皮囊畫著米開朗基羅自己，或許正是隱喻了那個被剝皮、壓榨，仍舊堅持理念的自己吧！

孜孜不倦卻坎坷的雕畫怪傑

　　米開朗基羅年輕的時候，因為追求藝術而遭受父親的毒打，加上他酷愛學習，厭煩社交活動，這可能也是變得更孤僻的原因，他與社交活動總是格格不入。當時達文西、拉斐爾都和上流人士相處得很融洽，相形之下成了鮮明的對比。米開朗基羅不合群的性格也常常得罪教宗，使得他為儒略二世的墓碑折騰大半輩子，浪費了40年，卻始終沒有完工。

　　米開朗基羅的一生其實頗為坎坷，他經常不眠不休、夙夜匪懈地工作，在37歲時已顯得老態龍鍾。而他作品中所表現的裸體人物之美卻又常遭受抨擊，《最後的審判》就因為把耶穌和聖母瑪利亞都畫得一絲不掛，而被認為是藝瀆神靈。米開朗基羅晚年除了得忍受病痛，還要面臨至親好友的離世，大半輩子辛勞地在為有權勢的業主賣力工作，可說畢生都奉獻給了藝術，享年89歲，如願葬在故鄉的聖十字教堂裡。

在米開朗基羅為儒略二世的陵墓動工期間，已完成的雕塑裡，就屬《摩西像》最著名。因為實在太真實、傳神了，當他完成《摩西像》時，竟然拿錘子敲《摩西像》的膝蓋，大聲咆哮著：「你快說話啊！」可見他的作品是多麼無懈可擊，而他又是一個多麼熱情認真的人呢！

MEMO

文藝復興文壇三傑

在文藝復興時期，各地的作家都開始使用自己的方言寫作。但丁、彼得拉克、薄伽丘在當時被稱為「文藝復興三巨星」，作品中體現了人文主義的精神，更被譽為文藝復興時期的文壇三傑。

義大利最偉大的詩人──但丁

但丁（西元 1265 ～ 1321 年），全名但丁·阿利吉耶里（義大利語 Dante Alighieri），可說是文藝復興的先驅。在義大利，他被稱為 Il Sommo Poeta（至高詩人），而其作品《神曲》則被列為歐洲文學的四大名著之一，也奠定他在歐洲文學的至高無上地位。

出身沒落貴族家庭，被迫遠離故鄉的詩人

但丁出生在義大利的佛羅倫斯，一個沒落的貴族家庭中，5 歲時母親就去世了，父親再婚，繼母生下兩男一女，是但丁同父異母的弟弟與妹妹。

但丁從小就勤奮好學，年幼時拜佛羅倫斯的著名學者為師，積極學習拉丁文、古典文學、音樂，並且不斷精進詩學及修辭學，很年輕便開始了詩歌創作。

但丁 30 歲時加入佛羅倫斯的醫藥行會，並入籍圭爾弗黨，積極投身政治運動，但當時該黨已經分裂成黑、白兩黨，黑黨多為貴族，白黨則多為市民階級，加上教宗又插手佛羅倫斯的事務（黑黨想藉助教宗之力翻身），而但丁卻主張獨立自由，不願接受教宗的支配，於是成為白黨的中堅。

1301 年，黑黨在教宗的支持下奪取了政權，接著便以擾亂共和國和平與反對教宗等罪名，宣布將但丁放逐兩年，並且罰款，但他拒絕承認這些「莫須有」的罪名。

最後他被判終生放逐，同時宣布，他一旦回城，任何佛羅倫斯士兵都可以用火刑處死他。

但丁就這樣遭放逐近 20 年，最後客死他鄉。

影響但丁一生的摯愛——貝德麗采

但丁在 9 歲那年，遇見了他一生摯愛的女子。當時，佛羅倫斯每年 5 月，都會有一些富紳舉辦酒席邀請朋友同樂，稱為「嬉春聚會」，受邀者通常會帶著妻小前往。

就在 9 歲生日當天，但丁和其他孩子在花園玩耍時，一個看起來清秀又溫柔的小女孩——貝德麗采（Beatrice）出現在他眼前，兩人雖沒有明顯的互動，但她的一顰一笑都烙印在但丁的心頭。而再次見面，但丁已經 18 歲了，他們在維奇奧橋（Ponte Vecchio）不期而遇，他看到這朝思暮想小女孩已經蛻變成一個亭亭玉立的少女，頓時驚慌失措，竟在貝德麗采面前出糗，而貝德麗采只是覺得好笑，沒跟但丁說幾句話就離開了。

但丁第三次見到貝德麗采時，卻是在她的婚宴上，貝德麗采後來嫁給一位銀行家，但沒有多久便香消玉殞了。

這個只與但丁見過三次面的女子，卻讓他追憶一生，成為他永恆的摯愛。在貝德麗采去世後，他為貝德麗采寫了一些高度理想化的抒情詩，充分表現對她刻骨銘心的懷念，並將歌頌她的詩歌集結成一本作品《新生》，把貝德麗采的形象充分神聖化、理想化。

華美壯闊的偉大史詩——神曲

但丁在被流放的第五年，開始創作《神曲》，直到逝世不久前才完成。《神曲》所描述的其實是一個夢境，將義大利中世紀的歷史、各領域發生的政治變革，以及他的人生感悟，都凝聚在這個長長的夢中，鋪陳出恢弘壯闊的畫面，達到藝術與文學的高峰。

《神曲》全詩分為〈地獄篇〉、〈煉獄篇〉、〈天堂篇〉三部分，每部有 33 首歌，再增加 1 首序詩，共有 100 首。《神曲》的三部分以〈地獄篇〉最為著名。但丁敘述他最敬愛的羅馬詩人維吉爾引領他去地獄、煉獄、天堂三界，他就在詩人的帶領下，首先下到地獄去。

但丁將地獄描述成一個大漏斗的形狀，並分成九層。第一層是「靈薄獄」，關著沒受過洗禮，不知道耶穌基督的人，連羅馬詩人維吉爾、希臘詩人荷馬都被關在

其中。第二層是關著犯下淫邪罪的人。第三層是關著沉溺飲食慾望的暴食者。第四層是關著貪婪和浪費的人。

第五層有一條斯堤克斯河（Styx），又稱悔恨之河，如果立誓而違反誓言的人將可能浸在這條河中相互撕咬皮肉或發不出聲音。第六層則是關著異端者，這裡有一個異端者的代表人物是古希臘哲學家伊比鳩魯（Ἐπίκουρος），因其主張靈魂隨肉體而滅，和基督教義相悖。

第七層則分三個圈，分別關著殺人犯、自殺者和侮辱神的人。第八層分成十條溝，分別關著誘姦者、阿諛者、神棍者、占卜者、貪官汙吏、偽君子、竊賊、勸人為惡者、挑撥離間者、偽造者。

第九層是最底層，這是犯下人世間最重罪的人，關著一些出賣祖國及父母者，還有背信忘義、恩將仇報的人，這裡分為「該隱」、「昂得諾」、「多祿謀」、「猶大」的四個界，關在猶大界的為出賣耶穌基督的猶大，以及暗殺凱撒（Gaius Julius Caesar）的布魯圖斯（Brutus）、卡西烏斯（Cassius），他們被擁有三顆可怕腦袋、牙齒像鐵鉗一樣的惡魔咬著。尤其是猶大犯的罪最重，他背上的皮膚一條條被怪獸撕下來。

但丁以第一人稱敘述自己 35 歲時，誤闖黑暗森林而迷路，被三隻猛獸攔住了去路。這三隻猛獸是豹、獅子、母狼，分別象徵欺騙、野心、貪婪，而當豹正要向他撲過來時，古羅馬詩人維吉爾的靈魂出現了，前來營救但丁，指示他另一條路徑，並親自帶領他走入煉獄和地獄，之後又由貝德麗采引領他走向天堂。

《神曲》中描寫了各式各樣的人物，像是國王、教宗、科學家、哲學家、小偷、畫家、詩人……等，將這些人物安置在天堂、煉獄和地獄的角落，充分展現出文藝復興初期，義大利的社會情況與文化發展。但丁大膽否定神權統治，反對教宗掌握世俗的權力，將國王與教宗放在地獄深處遭受嚴酷的懲罰，替那些反對教宗的平民百姓與中產階級發出不平之鳴。但丁還將那些貪官汙吏放在瀝青池中烹煮，藉此隱喻社會的黑暗，讓那些寡廉鮮恥的人遭受到報應，進而匡正時弊，喚醒人們的道德與良知。

《神曲》可說是文藝復興的先驅，除了影響彼得拉克（Francesco Petrarca）和薄伽丘（Giovanni Boccaccio），也影響了法國寫實主義成就最高的作家巴爾札克（Honoré de Balzac），他的《人間喜劇》就是受《神曲》的啟發。

MEMO

人文主義之父──彼得拉克

　　弗朗西斯克‧彼得拉克（Francesco Petrarca，西元 1304 ～ 1374 年），義大利文藝復興時期的學者和詩人，被譽為人文主義之父。

從小醉心文學，37 歲即受封為羅馬桂冠詩人

　　彼得拉克出身於佛羅倫斯的名門望族，父親是著名的公證人。他父親和但丁因為與黑黨領袖立場相左，同時遭流放，離鄉背井到了阿雷佐（Arezzo），而彼得拉克就出生於該地。1311 年，彼得拉克隨父流亡到法國，之後遷居到法國南部的亞維儂（Avignon），當時教廷也在此處。早年動盪不安的生活、教宗都城的中心地位，都對彼得拉克的未來產生了重大的影響。

　　彼得拉克從小醉心文學，但父親希望他放棄文學、詩歌，去做一名法學家。從他十多歲時，父親便送他到法國的蒙彼利埃大學（Université de Montpellier）和義大利的波隆納大學（Università di Bologna）學習法律。後來父親去世，彼得拉克決定放棄法學，將主力放在寫作、學拉丁文，回到亞維儂擔任教職，並在擔任紅衣主教的書記時，一面創作詩歌。

　　彼得拉克很年輕時即享譽歐洲，1340 年，巴黎和羅馬爭相邀請他去加冕桂冠，後來他選擇了羅馬。1341 年 4 月 8 日，彼得拉克在羅馬的卡匹托利歐山（Collis Capitolinus）上，接受了加冕儀式，那年他才 37 歲，從此有了「桂冠詩人」的稱號。

戀上有夫之婦──蘿拉，銘記愛與詩的永恆

　　彼得拉克在 23 歲那年，在法國南部亞維儂的楓丹小鎮邂逅了一個 19 歲的美麗女子蘿拉（Laura），但對方卻已經嫁給了身分顯赫的貴族。雖然他從未單獨與蘿拉會面，卻陷入了一種既無望卻又狂熱深沉的暗戀。

　　也許彼得拉克這種單相思是毫無回報的，但他還是將熾熱的情感全部宣洩在詩歌中，他為此在世界文學史上，留下了 366 首獻給蘿拉的十四行詩，最後集結成書，就是舉世聞名的愛情絕唱《歌集》。蘿拉或許從不明白彼得拉克對自己的感情，但彼得拉克毫無保留挖掘自己內心最真摯的情感，透過高超的文學技巧，使得他的詩句讀來更優美、細膩、感人。

　　彼得拉克和但丁都有一段絕望而淒美的感情，但丁視只德麗采如聖母般崇高聖潔，而彼得拉克對蘿拉的愛卻強烈而真實，他大膽揭露內心的情慾，否定禁慾主義，

並要求凡人的幸福，把當初受神學壓抑的情感，落實到了人間。

多才多藝的文壇巨人，作品多用拉丁文寫成

彼得拉克在文、史、哲方面著述甚多，大部分用拉丁文寫成。當時拉丁文是宮廷和知識界通用的書面語言，使得他用拉丁文撰述政治理想的作品，在當時產生巨大的影響。

彼得拉克以人文主義的觀點研究古典文化，提出與神學對立的觀念。他於最重要的拉丁文散文作品《祕密》，展開一場人道與神道的對話；而敘事長詩《阿非利加》，則是一部關於古羅馬統帥和政治家大西庇阿的拉丁文史詩。他也用拉丁文寫了兩部歷史著作，《名人列傳》和《回憶錄》。而他寫給蘿拉的《歌集》，則是用義大利語呈現。

在彼得拉克的《歌集》中，蘿拉成為了文藝復興以來最有血有肉，且最具魅力的女性，這個鮮明的女性形象，在文藝復興時期大大提高了女性的地位。儘管彼得拉克後來還是有娶妻生子，但對蘿拉的愛戀卻永誌不渝。

MEMO

歐洲短篇小說之父——薄伽丘

薄伽丘（Giovanni Boccaccio，西元 1313～1375 年），才華洋溢，作品多產，寫過傳奇、短篇小說、敘事詩、十四行詩、史詩等，不僅是文藝復興時期的作家，也是人文主義支持者。

商人的私生子，卻對文學產生濃厚的興趣

薄伽丘是佛羅倫斯商人和一個法國女人的私生子，幼年時母親就去世了，他跟隨著父親來到佛羅倫斯。沒多久，父親就續絃，他的父親很嚴肅，後母則對他很冷漠，他在童年便缺乏父母的呵護。

後來，父親前送薄伽丘到拿坡里（Napoli）學商與法律，但他一點都不感興趣。他自幼就喜歡文學，這段求學期間便開始研讀經典作品。而在拿坡里生活時，他開始有機會進入拿坡里國王羅伯特（Roberto D'Angiò）的宮廷裡，使他的才智得以發揮，因為可以接觸到貴族騎士，還能和人文主義的詩人及學者互相交流、切磋，不僅開拓了他的文化視野，也影響了他往後的思想與寫作。

愛上西西里國王的女兒，成就愛情十三問

但丁有個理想的摯愛貝德麗采，彼得拉克則有個暗戀的蘿拉，而薄伽丘也有個深愛卻不能企及的愛戀對象，那是西西里國王的女兒，薄伽丘並將她化名為菲亞美達（Fiammetta）。戀上菲亞美達時，他只是個法律學校的學生，由於兩人社會地位懸殊，他自知這是一段無望的愛情，但他就是愛上了，並且無可自拔。

《愛情十三問》是薄伽丘用義大利語所寫成，內容是幾個貴族青年乘船出遊，卻被狂風吹到一座古城，延宕數日，只好在古城中消磨時光，偶遇城中的貴族男女正在舉辦歡宴，於是就和他們一起在古城上消遣飲宴，眾人選出美麗的王族女子菲亞美達為女王，並輪流提出關於愛情的疑難問題，請她解答。

《愛情十三問》是薄伽丘 27 歲時的作品，恰巧影射了當時他對愛情的種種執著，內容有對菲亞美達的歌頌讚賞，也有對愛情的癡迷、熾熱、狂喜、思念、迷惘、失望、悲傷等。具體反映出文藝復興時期義大利社會的愛情觀，也讓愛情更具啟發性，亦點燃了人文主義思想的火花。

歐洲文學史上第一部現實主義巨著——十日談

《十日談》是歐洲文學史上第一部現實主義巨著，小說的背景為 1348 年，內容描述在佛羅倫斯發生一場殘酷的瘟疫（黑死病），十名青年男女躲到山上鄉間的別墅避難。他們在驚悸之餘，決定每人每天講一則故事來拋開死亡陰影。他們度過 10 天，總共講了 100 則故事，包括王公貴族的黑暗勢力、教士修女的虛偽，用犀利的筆鋒嘲諷了教會的沉淪與墮落。薄伽丘也以男女之間的愛情故事，作為《十日談》的主要呈現內容。在《十日談》中，愛情是不受傳統禮教約束，而且合乎人性的，更是崇高可貴的，他認為，頌揚神愛和天國的禁慾主義是扼殺人性，同時違反自然規律的。

《十日談》是世界文學史上一部具有巨大價值的文學作品，不僅開創歐洲短篇小說的藝術形式，還深深影響許多作家，像是歌德和莎士比亞都曾取材《十日談》的故事進行創作。此外，法國作家納瓦爾的《七日談》，也是模仿《十日談》之作。

MEMO

富可敵國的梅迪奇家族

梅迪奇（Medici）家族，是 13 ～ 17 世
紀時期在歐洲擁有強大勢力的佛羅倫斯名門望
族。這個家族靠著銀行和商業起家，憑藉著高瞻遠矚的商
業頭腦、嫻熟的政治手腕，還有獨具慧眼的藝術鑑賞能力，
統治佛羅倫斯達三個世紀之久，他們可以說是富可敵國的政治
家、金融企業家，以及藝術收藏家。

由銀行和紡織業在佛羅倫斯發跡

根據記載，梅迪奇家族最早的從商紀錄，始於 13 世紀時。早期，
佛羅倫斯的銀行都是貴族和大家族支配，但因為當時的銀行向歐洲各國貸款
無力償還，加上 1348 年歐洲流行的黑死病籠罩佛羅倫斯，銀行不堪虧損，便倒閉了。
梅迪奇家族把握了這個時機，接管了佛羅倫斯的許多公司。

1397 年，梅迪奇家族的喬凡尼（Giovanni di Bicci de' Medici，全名譯為喬凡尼‧
迪比奇‧德‧梅迪奇）在佛羅倫斯成立銀行，並投資羊毛紡織業，從此他的銀行和
紡織業生意興隆，開始對佛羅倫斯產生巨大的影響力。

梅迪奇家族的腐敗手段和巔峰傳奇

梅迪奇家族在佛羅倫斯的影響無遠弗屆，這個家族中，總共出了三位教宗，分
別是利奧十世（原名 Giovanni di Lorenzo de' Medici）、克萊孟七世（原名 Giulio di
Giuliano de' Medici）、利奧十一世（原名 Alessandro Ottaviano de' Medici）。

凱薩琳‧德‧梅迪奇和亨利二世的婚姻

瑪麗‧德‧梅迪奇和亨利四世的婚姻

傑出的利奧十世，梅迪奇王朝創始人

這三位教宗，以利奧十世最為著名，他就是喬凡尼，也是佛羅倫斯梅迪奇王朝的創始人。著名的哲學家大衛‧休謨（David Hume）認為利奧十世是有史以來最傑出的教宗之一。利奧十世早期販售贖罪券，並表示對教會行善，身為人類所背負的原罪便可獲得赦免，但當時贖罪券帳目不清，引起信眾疑慮。而德國神學家馬丁‧路德（Martin Luther）反對教宗的權威地位，並認為這是違反神的教義，在 1517 年諸聖節的前一天，將「九十五條論綱」貼於威登堡（Wittenberg）教堂的大門上，從此掀起了宗教改革運動。

兩位法國王后、兩位影響力甚大的人物

梅迪奇家族還誕生了兩位法國王后，分別是凱薩琳‧德‧梅迪奇（Caterina Maria Romola di Lorenzo de' Medici）和瑪麗‧德‧梅迪奇（Maria de' Medici），但這兩位政治聯姻的女子都過得不幸福，所以為了權力，皆不惜使毒。凱薩琳嫁給法王亨利二世，但法王卻專寵情婦黛安娜（Diane de Poitiers），她為了鞏固自己的政治地位，將毒殺手段帶進法國宮廷。而瑪麗因姿色平庸，成為歷代法國王后最不受寵的一位，在亨利四世遇刺身亡後，她開始攝政，卻和樞密大臣對立，一再遭放逐，她也善於使毒，但晚年卻因使用腐蝕劑止痛，而不小心誤食身亡。

梅迪奇家族還有兩位影響很大的知名的人物，那就是柯西莫‧德‧梅迪奇（Cosimo di Giovanni de' Medici），以及羅倫佐‧德‧梅迪奇（Lorenzo de' Medici）。柯西莫擴大了父親喬凡尼的財富和政治影響，甚至也發展了慈善事業，成

為第一個佛羅倫斯的僭主（不合法的政權篡奪者），也被稱為國父。羅倫佐則是柯西莫的孫子，他生活的時代正值文藝復興達到巔峰，對文藝復興有著巨大的貢獻，被譽為「偉大的羅倫佐」，但他運用恐嚇、收買，以及政治聯姻的方式來統治佛羅倫斯。然而，繼任後的羅倫佐，不但沒有擴大財富，在他過世時，梅迪奇家族的銀行已瀕臨倒閉。

推動文藝復興的舵手

梅迪奇家族對藝術有高度的愛好，他們高雅的品味，成為當時最有權勢的藝術贊助者，而這種風氣奠基於人文主義的教育基礎。當時，羅倫佐對達文西、米開朗基羅、波提且利（Sandro Botticelli）等人均有所提攜，而他本身也是個藝術家，對文藝復興時期的發展與貢獻不遺餘力，創造出文藝復興最輝煌的時期。

締造出文藝復興黃金時代的羅倫佐

談起梅迪奇家族，有數不盡的傳奇人物。梅迪奇家族在當時是平民出身，以金融業崛起，這種「僭主」的統治方式，經常刺激其他權貴家族心懷怨恨。

而被譽為文藝復興「教父」的羅倫佐，也堪稱是精采的傳奇人物。面對政治，他是個既深沉又狡猾的人，而且外貌醜陋、鼻子扁塌。但他也是個文武雙全的人，本身會寫詩、彈琴、騎馬、狩獵，還與作家、藝術家、人文學者有密切往來，加上擁有聰明冷靜且果斷的膽識，使得佛羅倫斯的群眾都臣服於他的統治。

羅倫佐接掌政局時極為複雜，情勢也開始走向腐化階段。1478 年，由教宗思道四世（Pope Sixtus IV）和比薩大主教薩維亞提（Francesco Salviati）聯手指使反對者，行刺在教堂參加禮拜的羅倫佐和他的兄長朱利亞諾（Giuliano de' Medici）。朱利亞諾遇難，羅倫佐卻負傷逃過一劫。事後，羅倫佐下令暗殺比薩大主教，從此他開始承受教宗思道四世的威脅。然而，他巧妙的聯合了北方的米蘭、波隆納，並親自去拿坡里說服敵人，化解了那次的危機。

羅倫佐在位期間，慷慨投資了各項藝文活動，並且贊助達文西、米開朗基羅、波提且利等文藝巨匠。從柯西莫時代就開始收集圖書，並建立了梅迪奇家族的圖書館，至羅倫佐時期，他大量從東方找回古希臘的著作，並把圖書館擴展壯大，支持人文主義的發展，此時是文藝復興活動發展最蓬勃的黃金時代。

四大城市的著名歌劇

歌劇最早發源於義大利，各地歌劇院林立，處處可見，從發展蓬勃的歌劇可發現，義大利的歌劇在世界上有著舉足輕重、卓然不群的地位。

在羅馬首演的《托斯卡》

《托斯卡》（Tosca）是義大利知名作曲家普契尼（Giacomo Puccini）的作品，為三幕歌劇。該劇於 1900 年在羅馬科斯坦茲劇院（Teatro Costanzi）首演，其中以第二幕中托斯卡的詠嘆調〈為了藝術，為了愛情〉、第三幕中卡瓦拉多西的詠嘆調〈今夜星光燦爛〉最為著名。

歌劇《托斯卡》的劇情是發生在 1800 年的羅馬，畫家卡瓦拉多西由於掩護了越獄逃脫的政治犯，而被警察局逮捕監押。卡瓦拉多西的戀人托斯卡向警察局長史卡皮亞求情，警察局長因貪圖托斯卡美色，便提出若托斯卡願意用肉體交換，他就可以執行一個形式上的假死刑。為了救出卡瓦拉多西，她只得勉為其難答應史卡皮亞的無恥要求。

但就在史卡皮亞要進一步擁抱托斯卡時，她抓起桌子上放著的一把匕首將史卡皮亞殺死。她叮囑卡瓦拉多西，這是一次假槍決，會用空包彈行刑，但槍聲響後，托斯卡才發現原來她受騙上當，抱著戀人的屍體悲痛萬分。此時，史卡皮亞的手下也發現了他們長官的屍體，並前來捉拿托斯卡。當員警和士兵們衝到托斯卡面前時，托斯卡便跳樓殉情。

在威尼斯首演的《弄臣》

《弄臣》（Rigoletto），是由威爾第（Giuseppe Verdi）作曲的著名三幕歌劇，以法國劇作家雨果所作的戲劇《逸樂之王》改編而成，並於1851年在威尼斯鳳凰劇院首演，劇中以〈善變的女人〉詠嘆調最為著名。

歌劇《弄臣》的劇情是發生在16世紀時，曼都瓦是一個英俊瀟灑的公爵，他跟朝臣的妻子、女兒都有染。而公爵的弄臣則是一個相貌醜陋的老駝子，為了取悅、阿諛公爵，他幫助公爵物色美女，並嘲弄朝臣。弄臣擔心自己的女兒被侮辱，還建議公爵將那些朝臣處死。其中蒙特羅內伯爵為了自己曾被染指的女兒，而詛咒弄臣。

未料，不幸的事情也發生在弄臣身上，公爵竟喬裝成貧窮的青年暗中追求他那美貌純真的女兒吉爾達。當弄臣得知自己的女兒遭風流公爵玩弄後，氣憤不已，決心僱用巴拉夫奇勒去刺殺公爵。然而，當弄臣收到一個裝著屍體的麻袋，正開心地要將麻袋丟進河裡時，公爵此時唱起了〈善變的女人〉詠嘆調，弄臣這才發現被刺殺身亡的竟是女扮男裝的吉爾達。原來，獲悉行刺計畫的吉爾達對公爵一往情深，竟甘願替公爵一死。

以佛羅倫斯為背景的《賈尼‧斯基基》

《賈尼‧斯基基》（Gianni Schicchi）是義大利作曲家普契尼的單幕歌劇，故事取材自但丁的作品《神曲》中的一段描述。

《賈尼‧斯基基》的劇情是，富有的布奧索（Buoso）過世了，遺囑上交代將全數財產捐給修道院。親人失望之餘，布奧索的姪子里努喬找來戀人勞蕾塔的爸爸賈尼‧斯基基幫忙，勞蕾塔也以一曲〈我親愛的爸爸〉詠嘆調，要求他幫忙，足智多謀的賈尼‧斯基基果然想出竄改遺囑的好辦法。

賈尼‧斯基基告訴布奧索的家族成員，要他幫忙可以，條件是里努喬必須迎娶他的女兒勞蕾塔，這時整個家族為了遺產陷入瘋狂狀態，也不管他想娶誰，但其實一開始布奧索的整個家族根本看不起勞蕾塔。

後來，賈尼‧斯基基便假扮成布奧索，並請來醫生及公證人，重新改立遺囑，果然將部分財產轉分給親友，卻將家族爭議最凶的一棟房子、一頭騾子和一棟房子歸為己有。布奧索的親人雖然氣憤，卻不敢揭發事實。因為賈尼‧斯基基提醒他們，法律上規定，偽造遺囑者的懲罰是斷手後逐出佛羅倫斯，大家都害怕共謀竄改遺囑而被抓入獄，只好悻然離開。獲得龐大財產的賈尼‧斯基基不但將這些人都趕出去，也為自己的女兒籌備了豐厚的嫁妝。

《賈尼‧斯基基》這首〈我親愛的爸爸〉詠嘆調，是著名女高音必唱的曲目之一。

在米蘭首演的《杜蘭朵》

《杜蘭朵》（Turandot）是義大利作曲家普契尼的三幕歌劇，改編自義大利劇作家卡洛‧戈齊（Carlo Gozzi）的創作，於 1926 年在米蘭的史卡拉歌劇院（Teatro alla Scala）首演，其中曲目以〈祖先的屈辱〉和〈公主徹夜未眠〉最為著名，普契尼也採用部分中文民謠〈茉莉花〉曲調，為人稱頌。

《杜蘭朵》的劇情敘述，公主杜蘭朵因為祖先羅玉鈴將國家治理得很好，卻遭外國王子強暴殺死，所以她為了報此仇，就頒布這樣的命令，欲娶杜蘭朵公主者，必須猜對三個謎語；但若猜錯，便要被處死。

最初，波斯王子奮勇求婚，卻猜謎失敗，雖然民眾請求公主不要殺他，卻仍下令斬首。流亡中國的韃靼王子卡拉富（Calaf）與父親、丫鬟在北京城重逢後，親眼目睹杜蘭朵公主監斬波斯王子的情形。但是杜蘭朵公主的美貌打動了卡拉富王子，他不顧父親和三位大臣的反對，堅決要求婚，他很有自信地答對了三個謎語，原來這三道問題的答案分別是「希望」、「鮮血」和「杜蘭朵」。然而，杜蘭朵公主竟跪求父王，不願嫁給卡拉富王子，但皇帝卻認為誓約是神聖而不可侵犯的。

這時，卡拉富王子自己出了一道謎題，只要公主在天亮前得知他的名字，就答應不娶她，還願意被處死。公主捉來王子的父親和丫鬟，並且嚴刑逼供，逼得丫鬟柳兒自盡身亡，卡拉富王子責備公主的無情後，並強吻了她。最後，王子甚至把真名告訴了公主。公主隨時可以處死王子，但她卻將王子攜到皇帝的面前，並說出王子的名字叫「Amore」，就是義大利語的「愛」。於是這對新人接受眾人祝福，故事圓滿落幕。

與義大利第一次親密接觸

　　義大利共和國，通稱為義大利，國土形
狀像是長靴。主要由位於南歐的亞平寧半島，及
兩個位於地中海中的島嶼西西里島與薩丁尼亞島等 70 多座
島嶼所組成。義大利北方的阿爾卑斯山地區，與法國、瑞士、
奧地利及斯洛維尼亞接壤，南接地中海，境內還包含兩個微型
小國，梵蒂岡和聖馬利諾。並且與阿爾及利亞、突尼西亞、馬爾他三
個國家隔海相望。

歷史上的義大利

　　傳說，西元前 8 世紀，以托斯卡尼為主要根據地的伊特魯斯坎人，向南
占領臺伯河岸的羅馬城後，羅馬就開始了王政時代。

羅馬帝國時期到西羅馬滅亡

　　西元前 510 年，王政時代結束，開始建立起由貴族掌權的羅馬共和國，一直到
雄才大略的屋大維擊敗政敵，被尊稱為奧古斯都，才開啟了羅馬的帝國時期。羅馬
自奧古斯都開創帝國制度，領土不斷向外擴張，疆域的全盛時期是圖拉真在位末年
（西元 117 年）。

　　羅馬帝國在西元 235 ～ 284 年間受到內戰、外敵入侵、經濟崩潰的危機，又歷
經了幾位皇帝，西元 313 年君士坦丁認可了基督教的同時，受到北方蠻族（主要是
日耳曼人）威脅，將首都遷到了拜占庭，成為羅馬帝國的首都，並命名為君士坦丁堡。
雖然，君士坦丁大帝任命了專門管理羅馬城的帝王，但外來者不斷入侵及軍隊叛亂，
使得羅馬帝國漸漸瓦解，狄奧多西一世（Theodosius I）成為最後一個統治整個帝國

的皇帝。

西元 395 年，狄奧多西一世去世後，帝國分為東、西羅馬，而西羅馬在西元 476 年滅亡，最後一個皇帝羅慕路斯・奧古斯都（Romulus Augustulus），被羅馬軍隊的日耳曼將軍奧多亞克廢黜。

中古時代到義大利統一

西羅馬帝國滅亡，一般也被視為古代歐洲的終結，並進入了中古時代（也稱中世紀）。中世紀時，歐洲分裂成許多小國家，大多是日耳曼民族所建立，這些民族後來也接受了基督教信仰，中世紀是一個宗教信仰至高無上的時代，因此，西羅馬帝國雖然毀滅，但教宗所在的羅馬卻成為歐洲的信仰中心。世俗君主的權力來自上帝，羅馬的教廷隨之擁有了高於歐洲各國君主的權威。作為從前羅馬帝國的首都，以及中世紀的信仰中心，羅馬自此被稱為「永恆之城」。

中世紀晚期，義大利北部開始興起一些城市國家，如威尼斯、米蘭，以及富裕的梅迪奇家族所執政的佛羅倫斯等，後來又歷經了教權分裂、文藝復興時期，直到1797年拿破崙占領後，義大利半島曾短暫的統一。19世紀末，由薩丁尼亞王國（Regno di Sardegna）領導統一運動，經由戰爭與外交折衝的手段，逐步收復義大利領土，最後在1870年的普法戰爭時收回羅馬，完成統一，薩丁尼亞王國的艾曼紐二世（Vittorio Emanuele II），成為統一後義大利的第一位國王。

法西斯時代至今

20 世紀 1920 年代，資本主義世界經濟危機（大蕭條）所帶來的動亂，使墨索里尼（Benito Mussolini）領導的法西斯主義興起。後來墨索里尼揮軍羅馬，國王被迫任命墨索里尼為首相，經過一場選舉，義大利從此成為法西斯主義的獨裁國家。二次大戰時，法西斯義大利與納粹德國結為同盟，但在德國捷報頻傳的同時，義大利軍隊進攻希臘卻差點全軍覆沒。

隨著英美盟軍的反攻，墨索里尼被國王罷黜並囚禁，後來他被納粹德國救出，逃到義大利北部，隨著盟軍朝北進攻，本來打算逃亡德國的他卻遭槍決示眾。

二次大戰後，於1946年舉辦了選舉，義大利從君主立憲制改為內閣制的共和國，之後的政府通常由多黨聯合執政，主要政黨有天主教民主黨、社會主義黨、共產黨、以及共和黨。

1950 年代期間，人口由鄉村移往都市，從南部向北部移動，義大利逐漸自農業

國轉變為工業國，可說是一個經濟奇蹟。1957 年，義大利作為創始會員國之一，推動成立歐洲共同市場，後來成為歐盟的前身。

　　今天的義大利，仍是一個美麗的國家，但由於經濟不景氣，因此賦稅和物價不斷上漲。高失業率、低出生率和人口高齡化，也使義大利面臨了許多難以解決的困境，然而因為擁有豐富的遺產與多元的藝術內涵，還是讓許多國家望塵莫及。

義大利小檔案

首都	羅馬
面積	301,338 平方公里
人口	約 6,090 萬
宗教	95%天主教
貨幣單位	歐元（EUR，€）
氣候	屬典型地中海氣候。冬季溫和溼潤，夏季炎熱乾燥。
時差	約比臺灣晚 7 小時，夏季節約時間約比臺灣晚 6 小時。
語言	義大利語
人均 GDP	35,512 美元（2014 年）
國花	雛菊
國石	珊瑚

義大利小百科

　　義大利在統一之前，經過哥德人、東羅馬帝國、倫巴底人統治，各地形成了獨特卻多元的面貌，比喻成千面女郎一點都不為過。義大利豐富多彩的文化資產及特色，在世界各地影響層面廣泛，要進入義大利旅行前，先來感受一下這隻深入地中海的靴子，有什麼獨特魅力吧！

執時尚設計的牛耳，孕育亞曼尼、法拉利等名牌

　　義大利人似乎天生就具有品味與格調。他們超凡的品味，讓義大利的設計與時

法拉利博物館一景

尚總是在國際上具有舉足輕重的影響力，在家具、服飾、汽車、廚房用具上的設計往往那麼吸引人，並且無可取代。從時尚來看，米蘭的服飾經常引領風騷，時裝設計師喬治‧亞曼尼，在 1975 年創立喬治‧亞曼尼（Giorgio Armani S.P.A.）公司，時尚而簡約的風格，在全球已有 200 多家店面。此外，知名的法拉利跑車和大眾化的偉士牌摩托車，也都是義大利引以為傲的產品。

熱情好客的足球王國，令粉絲傾倒的世足男模隊

　　足球運動在義大利擁有百年歷史，上至總統、總理、總裁，下至普通百姓，對足球都非常熱愛，而且球隊的整體水準很高，分別曾於 1934、1938、1982、2006 年四次獲得世界盃足球賽的冠軍。

　　義大利幾乎每個城鄉都有自己的球隊，最重要的全國冠軍賽是「甲組聯賽」，從每年 9 月開始到 5 月結束，冠軍隊伍有資格參加冠軍聯盟，跟歐洲國家頂尖隊伍比賽。義大利十分熱情好客，這幾年來也不斷引進外籍球星，為外籍球星提供了很

多優越的條件。許多球迷對義大利的帥哥球星相當著迷，甚至戲稱義大利國家隊為「世足男模隊」。

慢食講究仔仔細細品嘗料理

好、乾淨、公平是慢食運動的三原則

美食的天堂，慢食運動的發源地

前面在介紹義大利歷史時有提到，在統一之前，義大利其實是分裂成多個國家。因為這種各自為政的背景，義大利的飲食也發展出各式不同的風味，光是義大利麵就有 200 多種，當地盛產的葡萄酒也高達 1,000 多種。而且義大利料理通常講究天然豐富的食材，獨特的地理環境也讓他們懂得運用多種香草作為調味料，其繽紛多元的料理，受歡迎的程度堪與中國菜並駕齊驅。

義大利人對飲食不僅講求滿足慾望，更是一種生活態度。近年來，開始在臺灣引起關注的慢食運動，就是由義大利人卡爾洛・佩特里尼（Carlo Petrini）提出。他於 1986 年成立的國際慢食協會（Slow Food International）總部，就位在義大利巴那，慢食運動並非慢吞吞地吃東西，而是仔細品嘗料理的美味，以「好、乾淨、公平」為原則來實踐慢食的精神。

浪漫的國度，西洋情人節的由來

在每年的 2 月 14 日，許多情侶都會互贈禮物表達愛意，但你知道西洋情人節（Valentine's Day）的由來，其實來自羅馬的一個古老傳說呢！

故事起源於 3 世紀，當時的羅馬君主克勞狄二世（Claudius II）為軍人出身，他為了培養更優良的士兵來鞏固國力而強制規定，所有的單身男性都必須從軍，即使是已訂婚者也要取消婚約。

當時許多相愛的年輕男女，卻無法因此停止對愛與婚姻渴望，許多情侶對這種強迫行為感到痛苦，卻又礙於暴政不敢明目張膽反抗。這時，有位名叫華倫泰（Valentine）的基督修士，不忍相愛的人分開，祕密替人證婚，並為新人主持婚禮。此事很快被羅馬君主得知，他立即派人逮捕華倫泰，並押入大牢審問，但華倫泰不認為替人主持婚禮有什麼過錯，所以就被處死，當天正是西元269年2月14日。後來，教宗於496年廢除牧神節，將2月14日定為Valentine紀念日，後來逐漸演變成如今的情人節。

音樂的沃土，誕生世界傑出男高音帕華洛帝

義大利以歌劇馳名海外，而民謠也源遠流長。曾經詮釋過著名義大利民謠〈我的太陽〉（O Sole Mio）的男高音盧奇亞諾‧帕華洛帝（Luciano Pavarotti），就是出生在義大利的摩德納（Modena）。

帕華洛帝與卡列拉斯、多明哥，並稱世界三大男高音。帕華洛帝於1961年首次演出的歌劇，是普契尼的《波西米亞人》（La Bohème），1972年在紐約的大都會歌劇院曾連唱了九個高音C，因此又有「高音C之王」的稱號。帕華洛帝音色響亮渾厚，他曾於1990年詮釋了普契尼《杜蘭朵》的〈公主徹夜未眠〉，而享譽全球，這位家喻戶曉的世界男高音，於2007年因胰腺癌逝世，享年71歲。

兒童文學經典——小木偶皮諾丘的故鄉

如果走在義大利的城市或鄉村，無論是佛羅倫斯、比薩，還是聖吉米納諾（San Gimignano），常常都可以看見小木偶的紀念品，那是因為兒童文學《小木偶奇遇記》作者卡洛‧科洛迪（Carlo Collodi）的故鄉就在義大利佛羅倫斯，所以也就是說聞名世界的兒童文學《小木偶奇遇記》的故鄉就在義大利呢！

《小木偶奇遇記》是卡洛‧科洛迪隨手寫成的「傻玩意兒」，他當初完成時還不抱任何期望，誰知一刊載即造成轟動。這本作者自稱的「傻玩意兒」，內容除了教育孩子的真摯情感，還充滿了想像的情節。敘述一名木匠傑佩托（Geppetto）賦予了小木偶生命，調皮、懶散的小木偶皮諾丘因為交到壞朋友狐狸和

貓，成為成一個說謊成性、又不知節制的壞小孩，最後他掉進大怪鯊（原著）的肚子中，意外地與傑佩托重逢，而皮諾丘從此變成一個懂禮貌、又喜愛學習的好孩子，過程中藍髮仙女屢屢現身幫助。全書充滿了奇幻的想像力與驚險逗趣的情節，是老少咸宜的好作品。

如果在義大利，一位偉大的小說家卡爾維諾

前面提到了文藝復興時期的文壇三傑，這裡要介紹20世紀偉大的小說家伊塔羅·卡爾維諾（Italo Calvino），1923年出生於古巴，童年時代就隨著父親來到義大利，第二次世界大戰時參加了抗德游擊隊，1947年畢業於都靈大學文學院，當時他致力於左翼文化工作，出版了一本新現實主義的小說《蛛巢小徑》，也是他的處女作。

卡爾維諾在1950年代轉向了帶有現實主義色彩的寓言，比較重要的作品有《分成兩半的子爵》、《樹上的男爵》，當時現實主義文學正處於衰退期，因此他為文學開闢了一條新路。卡爾維諾也在1956年重新編撰近200篇的傳統民間故事及童話，集結成《義大利童話故事》，被譽為義大利式的格林童話。

卡爾維諾在1970年代又出版了一些後現代主義的作品，更奠定了他小說家的地位，代表作品有《如果在冬夜，一個旅人》、《看不見的城市》、《命運交叉的城堡》，算得上義大利當代最有影響力的作家。他在1985年獲得諾貝爾獎提名，卻也在當年夏天突然因腦溢血而逝世。

創造《大路》與《美麗人生》的費里尼與貝里尼

如果說起義大利的電影，就不能不提兩位偉大的導演，分別是費德里柯·費里尼（Federico Fellini）和羅貝多·貝里尼（Roberto Benigni），前者是偉大的國寶級藝術電影導演，而後者則是國寶級導演兼喜劇演員。

費里尼（西元1920～1993年）出生於義大利的里米尼（Rimini）。1954年的著名代表作《大路》，由他的妻子瑪西娜擔任女主角，敘述一位江湖雜耍藝人贊巴諾，買了一個弱智的姑娘傑索米娜當他的幫手，心地善良卻弱智的傑索米娜遇上粗暴的贊巴諾，交織出小人物的無奈與哀傷。整部電影故事簡單樸素，沒有華麗場景，卻為費里尼贏得五十多個獎項。他著名電影還有《甜蜜生活》、《8又2分之1》等。費里尼在1993年獲得奧斯卡終身成就獎，頒獎過後七個月，他在羅馬因心臟病過世。

貝里尼（西元1952～年），全世界第一位源於非英語電影的奧斯卡影帝。他有一部自導自演的著名電影——1997年上映的《美麗人生》，敘述一對猶太父子被送

進納粹集中營，父親基多（Guido）不忍年僅 5 歲的兒子約書亞（Joshua）飽受驚恐，運用想像力欺騙兒子他們正身處一個遊戲當中，一直到基多被納粹軍人抓走，兒子都還不知情。這部電影提名了七項奧斯卡金像獎，並使他贏得最佳男主角獎。他自導自演的著名電影還有《木偶奇遇記》，據說是義大利最昂貴的電影之一。此外，貝里尼也是一位即興詩人，能背誦並演講但丁的《神曲》。

全世界葡萄酒產量最大的浪漫國度，以奇揚地最著名

　　義大利生產葡萄酒的歷史，已有 400 年，而且無論是生產和人均的飲用量，都高居全球之冠。義大利從北到南都產葡萄酒，全國擁有 20 多個產區，其中最有名的產區當屬托斯卡尼的奇揚地（Chianti）。奇揚地是佛羅倫斯（Florence）以南和西恩那（Siena）以北的丘陵地，之所以聞名世界，是因為在 19 世紀時，一位名叫 Bettino Ricasoli 的男爵研發出 Chianti Classico 配方，具有香醇及優雅的酒性，後來就成了揚名全球的浪漫酒鄉。目前在義大利享有最頂級的葡萄酒評鑑，請認明繪有黑公雞的標誌。

　　義大利的葡萄酒參照法國，從 1963 年開始制定分級制度。

有著黑公雞標誌的葡萄酒

　　‧Denominazione di Origine Controllata e Garantita（DOCG）：為高級法定產區酒，是義大利最高等級的酒，從 DOC 級產區累積五年以上，才能再挑選更優異的產區與認證。

　　‧Denominazione di Origine Controllata（DOC）：是屬於法定產區酒，規定嚴格的產區、葡萄品種及採收標準等，相當於法國的 AOC 等級。

　　‧Indicazione Geografica Tipica（IGT）：是指地區餐酒，這是新式制度，沒有規定要用當地法定葡萄品種來釀造，酒標上也不一定要標示葡萄品種及年份，相對於法國 Vin de Pays 等級。

　　‧Vino da Tavola（VDT）：是指日常餐酒（table wine），並非法定葡萄品種或釀酒方法不符合法規的葡萄酒，酒標上規定不可以標示葡萄品種名稱，品質較為普通。

橄欖的故鄉，製造液體黃金的傳奇

　　義大利除了是盛產葡萄酒的王國，也是液體黃金橄欖油的王國。根據統計，全世界的橄欖產量，義大利排名第二，僅次於西班牙。很多人知道義大利的橄欖油品質較好，但市面上標榜為義大利橄欖油的品質往往良莠不齊。因為有些商人會從西班牙進口橄欖油，再貼上義大利的標籤。如何辨別義大利橄欖油的品質好壞，其實很簡單，若榨油的地點與產地在同一個地區較好，反之兩者距離太遠，鮮度與品質就會下降。而選用好橄欖油的另一個標準，則以有標明 Extra Virgin（頂級冷壓初榨橄欖油）的最佳，不僅油酸低，鮮度高，還能保留營養與美味。

義大利餐桌上常見的橄欖油

　　新鮮的橄欖油拿來直接喝也很美味營養，許多義大利人有喝橄欖油的習慣，他們認為具有開胃、助消化的功效。頂級的橄欖油品，以每年 11 月到隔年 1 月包裝的當年度新油最新鮮。如果去參觀義大利的油莊，大多有品油的機會，若要辨別新鮮度，就先試嘗一小口，將會先感覺到油的酸甜，接著幾秒略有一股辣味會衝擊上來，有時會混合一些其他果香味和青草味，喝起來不油膩，而且有促進食慾的感覺。在義大利的餐桌上，經常會看到橄欖油，可以拿來沾麵包，或是加入麵條裡，具有提味效果。

　　真正頂級的橄欖油必須用人工採摘果實，這樣才能避免壓傷、氧化，而且從採摘到榨油限定在 24 小時完成。如果要符合歐盟有機標準，又必須不灑農藥、灌溉的水沒有重金屬殘留，並且土壤需符合歐盟有機土的標準。

酗咖啡，流著咖啡血液的王國

　　曾經聽過這麼一個笑話，如果到義大利，你隨便打死一隻蚊子，都會發現流出來的血是咖啡色的，放在鼻尖聞聞，還有濃濃的咖啡香。因為，他叮到的義大利人，身上都流著含有咖啡的血液。

　　說義大利人酗咖啡真是一點都沒錯！到義大利後，你會發現，義大利人的城市，無論是羅馬、威尼斯，還是米蘭，到處充斥著咖啡館，其密集程度可與臺灣的 7-11 相媲美。真的不誇張，他們可能在上班前，到附近的 Bar 或自動販賣機買杯咖啡；中午用餐後，再來一杯；下午又再喝上一杯，看著義大利人這種一天至少要喝 4 杯

1 金杯咖啡店外面的販賣機　2 金杯咖啡服務人員　3 BIALETTI 咖啡器具行有販賣摩卡壺

咖啡的習性，自稱咖啡王的 Karl Wang 也自嘆弗如呢！

　　來到義大利，最特別的體會就是站著喝咖啡，因為站著喝咖啡只要 1～2 歐元，而坐著喝咖啡卻要 3 歐元，有的甚至要價 10 歐元呢！酷咖啡如命的義大利人，將咖啡當成礦泉水般來喝，所以站著喝咖啡的義大利人處處可見。

　　提醒喜歡喝咖啡的遊客，千萬不容錯過小說《天使與魔鬼》作者丹‧布朗所提到全羅馬最好喝、C/P 值很高的金杯咖啡，店內還有香醇的咖啡巧克力球及咖啡豆可買回家品嘗喔！對了，咖啡控 Karl Wang 還建議可到有名的 BIALETTI 選購煮咖啡的摩卡壺喔！

如何看懂 Menu 上的義大利咖啡種類

- ‧Caffè Espresso：濃縮咖啡，義大利最常見的咖啡。
- ‧Doppio：雙份濃縮咖啡。
- ‧Caffè Macchiato：小杯濃縮咖啡加一點牛奶。
- ‧Caffè Latte：拿鐵咖啡，即咖啡牛奶。
- ‧Latte Macchiato：即熱牛奶加一點 Espresso。
- ‧Cappuccino：卡布奇諾，濃縮咖啡加熱牛奶再加牛奶泡沫，再撒點肉桂粉或可可粉。

TIPS

學義大利語並不難，這些就夠用了

　　很多人到義大利旅行，會擔心語言的問題。其實，義大利人大部分都能用英語溝通，但若是要更融入義大利的文化，建議可學一些基本的單字或句型。

　　義大利的字母共有21個，其中英文字母的 j、k、w、x、y，是外來語，而 h 則不發音，學過義大利語的人都知道，它怎麼寫就怎麼發音，除了一些特殊連音，就照著字母念出它的發音。

特殊連音

義文	ci	ce	cio	cia	chi/che	ciu
中文或英文發音	接近「去」	接近「切」	i 不發音，接近「秋」	i 不發音，接近「叉」	像英文的 ki 和 ke	i 不發音，像英文的 chu
義文	gi	ge	ghi/ghe	gn	z	gli
中文或英文發音	像英文的 ji	像英文的 je	像英文的 gi 和 ge	像英文的 ni	像英文的 dz 或 tz	像英文的 li

義大利文的名詞分陽性和陰性

一般來說，如果義大利文的單字尾為 o，就是陽性；如果單字尾為 a，就是陰性（偶爾有例外）。陽性單字，複數時字尾變化為 i，例如 Bello（帥哥），其複數為 Belli；而陰性單字 Bella（美女），其複數為 Belle。

TIPS

問候	
Ciao 哈囉，你好，再見。	Buonasera 晚安
Buongiorno 日安；你好	Come sta? 您好嗎？（正式）
Buon pomeriggio 午安	Come stai? 你好嗎？（非正式）

道謝／道歉	
Grazie 謝謝	Scusa （對熟人說）不好意思
Grazie mille 感謝萬分	Scusi （對不熟的人說）不好意思

稱呼	
Signor 先生	Bella 美女
Signora 太太	Bello 帥哥
Signorina 小姐	

詢問	
Quando? 何時？	Come? 如何？
Quanto? 多少？	Perché? 為什麼？
Quanto costa? 多少錢？	

回答	
Sì 是	Va Bene 沒關係
No 不是	Bene, Grazie. 很好，謝謝
Prego 不客氣	

稱讚	
Bravo 太棒了	Bellissimo（a） 真漂亮
Perfetto 太完美了	

預約	
Avete camera libere? 有房間嗎？	Vorrei prenotare un tavolo. 我想訂位
C'è una camera con balcone? 有含陽臺的房間嗎？	

菜單

Antipasto　前菜	La bistecca　牛排
Primo piatto　第一道菜	Bistecca di maiale　豬排
Secondo piatto　第二道菜	Risotto　燉飯
Dolce　甜點	Spaghetti　義大利長麵條
Zuppa　湯	Tagliolini　義大利寬麵條
Insalata di mare　海鮮沙拉	Pasta Corta　水管麵
Insalata mista　綜合沙拉	Tiramisù　提拉米蘇
Insalata verde　蔬菜沙拉	Panna cotta　奶酪
Il brodetto　魚湯	La torta　蛋糕
Il brodo　清燉肉湯	Vino bianco　白酒
Gli gnocchi　麵疙瘩	Vino rosso　紅酒
Pollo al forno　烤雞	Vin santo　甜酒
Agnello al forno　烤羊排	Tè caldo　熱茶

點菜禮儀

Conto　買單、結帳	Mi può portare il menù?　您可以拿菜單過來嗎？
Contante　現金	Che cosa prende?　您想點什麼？
Mancia　小費	Che cosa ci raccomanda?　您有何推薦？
Buono　好吃	Il servizo è incluso?　含服務費嗎？

景點

Basilica di San Pietro　聖彼得大教堂	Galleria degli Uffizi　烏菲茲美術館
Città del Vaticano　梵蒂岡城	Basilica di San Marco　聖馬可大教堂
Colosseo　競技場・鬥獸場	Piazza San Marco　聖馬可廣場
Piazza di Spagna　西班牙廣場	Campanile　鐘樓

景點	
Duomo di Milano　米蘭大教堂	Ponte dei Sospiri　嘆息橋
Basilica di Santa Maria del Fiore　聖母百花大教堂	Palazzo Ducale　總督宮

採購	
Sconto / Saldi　殺價、折扣	Restituire　退貨
Troppo caro　太貴了	Cambiare　換貨
Economico　便宜	Scontrino　收據

商店	
Il supermercato　超級市場	La banca　銀行
La drogheria　食物雜貨店	La libreria　書店
La farmacia　藥局	La gelateria　冰淇淋店
La panetteria　麵包店	Il fioraio　花店
La pasticceria　蛋糕店	Il negozio di scarpe　鞋店

緊急應變的簡單句型	
Aiuto!　救命！	Al ladro!　小偷！
Attenzione　當心	Mi hanno derubato.　我的東西被偷了。
Mi può aiutare?　可以幫我嗎？	Aspetta!　等一下！
Per favore chiama un medico.　請打電話找醫生。	Gabinetto / Bagno / Toilet　廁所 Uomini　男生、Donne　女生
Mi hai capito male.　你誤會我了。	Posso usare il bagno?　我可以借廁所嗎？

2 暢遊北義四大城市

矗立千年古蹟的永恆之城——羅馬

羅馬（Roma），是義大利的首都，倒過來寫就是義大利文的「愛」（amor）。古羅馬的文明史，在歷史上走過了輝煌燦爛的榮光，因此被譽為「永恆之城」。

羅馬就像是一座巨大的露天博物館，隨處可見百年、千年以上的古蹟與教堂在此屹立不搖。早在 1980 年，羅馬古城就被列為世界文化遺產。英國的詩人拜倫則稱羅馬為「靈魂之城」。

西班牙廣場

梵蒂岡博物館　聖天使堡

聖彼得大教堂

許願池

萬神殿

圖拉真市場

威尼斯廣場　圓形競技場

君士坦丁凱旋門

F.R.AH

1 羅馬某餐廳裡的奧黛麗‧赫本照　2 羅馬凹凸不平的石板路　3 奧古斯都廣場遺址

從電影場景裡愛上羅馬

　　大約在 17 歲的時候吧！我無意間看到電視播放由奧黛麗‧赫本（Audrey Hepburn）和葛雷葛萊‧畢克（Gregory Peck）主演的電影《羅馬假期》，懵懵懂懂的少女時代，對他們這種浪漫卻帶點柏拉圖式的戀愛充滿了憧憬。而當時，也從電影裡隱隱約約認識了古羅馬競技場、許願池、真理之口、西班牙廣場等景點。

　　電影《羅馬假期》中，公主在面對記者詢問最喜歡哪一個城市時，她回答：「Rome, by all means, Rome. I will cherish my visit here in memory, as long as I live!」（羅馬，當然是羅馬，這一生我都會珍藏在這城市度過的每一分鐘。）令人動容，當時想著，有朝一日也要和心愛的人去一趟羅馬，感受一下浪漫的羅馬假期。

　　幾年前，又從湯姆‧漢克斯（Tom Hanks）主演的電影《天使與魔鬼》裡，更進一步看到羅馬的一些場景，像是聖彼得大教堂、萬神殿、四河噴泉、聖天使堡等，似乎讓我更感受到羅馬泱泱大氣又透露著古老神祕的氛圍。

　　《天使與魔鬼》原是美國作家丹‧布朗（Dan Brown）的小說，後來拍成電影，

吹起一股懸疑推理小說的熱潮。故事敘述，歐洲核子研究中心的物理學家，在即將公布他製造出最具威力的「反物質」前一夜，遭人神祕殺害，胸膛還被烙上一個祕密結社光明會的雙向圖符號，他研究的「反物質」也被偷走，接著，教宗離奇死亡。哈佛大學教授蘭登只好憑藉著對宗教史、符號學的了解，協助調查，如果他不能設法在 24 小時內找出幕後黑手，有史以來最致命的大爆炸將會讓整個梵蒂岡毀滅。在電影裡虛構了四座「科學祭壇」，分置在羅馬四個角落，各自對應四大元素中的土、氣、火、水，構成一條通往「光明教堂」的「光明路徑」，搭配人民聖母教堂（土）、聖彼得大教堂（氣）、勝利聖母教堂（火）、納沃納廣場的四河噴泉（水），最後則是在聖天使堡找到光明會的所在地。

　　儘管《天使與魔鬼》佳評如潮，卻還不是我心中最好的電影，覺得很難理解電影裡幕後主使者的心態，做壞事為何要大費周章地留下線索，還有裡面幾個為了戲劇張力而編得太牽強的劇情。但其中有一幕極為誇張，也令人讚嘆——那就是幕後主使者教宗的隨侍，帶著「反物質」坐上直升機，此時一聲巨響，反物質在高空爆炸，一陣天搖地動的場景。我最震懾於世界最大的聖彼得大教堂在爆破場景中營造出的驚駭效果，應該是要佩服現代的動畫科技將畫面模擬得如此逼真吧！而聖彼得大教堂在電影中的磅礴氣勢，也更令我難忘了。

　　如今，真正如願和另一半到了羅馬，這裡給我的感覺沒有《羅馬假期》那種浪漫，倒是比較符合《天使與魔鬼》的那種決決大氣，並且有一股老氣橫秋的尊貴帝王質感。沒錯，儘管羅馬帝國的榮光不再，但這些千百年的遺跡，卻締造了熠熠生輝的永恆奇蹟。

　　不過，到羅馬必須準備一雙舒適的鞋子，雖然古蹟可能讓人流連忘返，花上半天、一天也不厭倦，但此處的石子路卻令人吃不消。雖然，我預備了一雙自認很舒適的靴子，但走個幾小時下來，鞋跟還是磨損得很嚴重呢！

・如果要坐飛機到羅馬，一般國際航班都降落在李奧納多・達文西國際機場（Aeroporto Leonardo da Vinci di Fiumicino），位於交通便利的羅馬市區。羅馬還有一個較小的 Ciampino 機場，大部分是廉價航空的起落點。
・如果在義大利境內，可以搭乘地鐵、巴士、電車到羅馬，這三樣交通工具可用同一種票券，除了地鐵只能乘坐一次，其他交通工具可在 75 分鐘內交互轉乘。
・如果從歐洲或義大利境內要坐火車到羅馬，可坐到特米尼（Termimi）火車站（地鐵 A 線和 B 線的交會點），或是坐城際火車到臺伯提納（Tiburtina）火車站，有連結 B 線的地鐵。

遊客在競技場下顯得渺小

闖進充滿故事與歷史的千年古城

　　來到羅馬之前，看了幾本書惡補這裡的歷史，發現羅馬的傳說精采絕倫，絲毫不遜色於羅馬帝國史呢！

　　根據神話傳說故事，羅馬戰神馬爾斯的後代羅慕路斯（Romulus）與雷穆斯（Remus），被狠心的叔父丟入臺伯河岸。但這對孿生兄弟不但沒有溺斃，還讓一頭母狼哺育長大，後來被一名牧羊人發現，將他們收為義子。羅慕路斯與雷穆斯成年後，決定建立一座城市，但兩人經歷一場爭執，導致羅慕路斯殺死了雷穆斯，後來，羅慕路斯便以自己的名字建立了羅馬，並成為第一任國王。

新世界七大奇觀之圓形競技場

　　當我佇立在全世界最大的古羅馬遺跡圓形競技場前，頓時茫然，似乎有時空錯置的感覺。宛如電影的畫面停格，腦海浮現《羅馬假期》的男主角葛雷葛萊·畢克

半面在整修的羅馬競技場　　　　近距離看羅馬競技場

騎著偉士牌摩托車，載著公主奧黛麗‧赫本經過眼前。不過，這個浪漫遐想馬上就一閃而過，因為競技場其實是古代的鬥獸場（Colosseo），野蠻血腥的人獸戰鬥在此活生生上演。加上探訪競技場的遊客蜂擁而至，忽然想起曾經在書裡看過的那句預言：「大競技場存在，羅馬也跟著存在，大競技場倒了，羅馬也跟著倒了，羅馬一倒，整個世界也為之傾倒。」

　　這座屹立了 2,000 年的圓形競技場，正在修復，有些部分上了鷹架，不過仍可以感受到它巍峨壯觀的氣勢。這裡曾經如火如荼地上演人獸戰鬥的戲碼，還有灌滿水進行水上的戰鬥，規模最大時動員了 8 萬名猶太俘虜，甚至光是開幕典禮就有幾千頭獅虎豹，以及幾千名角鬥士喪命的慘況。但當時這種殘忍血腥的畫面卻是帝國的榮耀，也是供羅馬市民娛樂的建設。

　　圓形競技場是西元 79 年，由維斯帕先（Vespasianus）皇帝下令修建，八年後在其兒子提圖斯（Titus）在位期間建成，據說殘忍的競技一直到西元 404 年才被霍諾留（Onorio）皇帝禁止，圓形競技場的占地面積約 2 萬平方公尺，總共有 4 層，底下三層由圓拱構成，有 80 個入口，可以容納近 8 萬名觀眾。

　　圓形競技場令我聯想起 2000 年上映的電影《神鬼戰士》。由羅素‧克洛（Russell Ira Crowe）飾演的大將軍淪為角鬥士，在競技場上展現驍勇善戰的英姿令人難忘。《神鬼戰士》的內容雖被評為偽歷史，卻逼真呈現

圓形競技場區周邊建議路線

初訪羅馬，圓形競技場是必遊景點。如果還有充裕的時間，建議可以往西北走，遊古羅馬廣場的凱旋門，如提圖斯凱旋門（Arco of Titus）和奧古斯都凱旋門（Arco of Augustus）；以及神廟，如凱撒神廟（Aedes Divi Iulii）等。

TIPS

恢弘大氣的君士坦丁凱旋門　　　　　　　　　　換個角度看君士坦丁凱旋門

了競技場上的打鬥場面，營造出競技場雄偉壯觀、磅礡氣勢的氛圍，無怪乎這部電影能榮獲最佳影片及男主角等多項獎項。

莊嚴靜穆的君士坦丁凱旋門

　　君士坦丁凱旋門（Arco di Costantino）緊鄰競技場，因為常常被競技場搶去風采，而更顯得莊嚴靜穆，但它恢弘的氣勢仍無法令人忽略。君士坦丁凱旋門建於西元 312 年，是羅馬城現存三座凱旋門中年代最新的一座，而且保存得比較完好。雖然現存的巴黎凱旋門名聲比它響亮，不過論輩分，它可是巴黎凱旋門的前輩呢！據說，1806 年，拿破崙下令修建的巴黎凱旋門，就是參考它的設計而建造。

　　君士坦丁凱旋門，是君士坦丁大帝為了紀念徹底戰勝強敵馬克森提烏斯（Maxentius），並統一帝國所建。凱旋門長 25.7 公尺、高 21 公尺、深 7.4 公尺，擁有 3 個拱門，其上的雕刻裝飾大多是圖拉真（Traiano）和哈德良（Adriano）皇帝紀念性建築上的一部分，相傳是當時從羅馬的其他建築取材而得，並結合了君士坦丁時代的建築。因此，整座凱旋門由不同時期、不同風格的雕刻重組，儘管缺乏一貫主題，卻可視為一部濃縮的羅馬雕刻史。

曠世遺產之圖拉真廣場

　　圖拉真在位時，羅馬帝國的版圖在他的統治下達到極盛，為了紀念他的豐功偉績，也建設了廣場和市集。圖拉真廣場由來自大馬士革的建築師阿波羅多羅（Apollodoro）設計建造，其中的焦點——圖拉真圓柱，於西元 113 年落成，是為了

圖拉真圓柱及聖名聖母教堂　　　　　　　　圖拉真皇帝雕像

稱頌圖拉真戰勝達契亞人（Dacians）。

　　圖拉真圓柱淨高 30 公尺，包括基座總高 38 公尺，最頂端則有圖拉真的銅像，用 40 噸的巨型卡拉拉大理石疊成。圓柱上有螺旋型的浮雕，生動刻劃圖拉真兩次戰勝達契亞的情景，栩栩如生的浮雕人物，共有 2,500 人以上，其中有鬥志十足、神采奕奕的行軍場面，也刻劃出城堡、營帳、橋梁、船隻等豐富的形象，還原了當時許多珍貴的史實紀錄。

　　位於圖拉真廣場後方的市集，依奎利納雷山（Quirinal Hill）的山坡而建，在當時是熱鬧的市民購物中心（相當於現在的 shopping mall）。整棟建築共三層，裡面有多達 150 家商店，市集銷售的物品種類繁多，舉凡花卉、蔬果、香料、海鮮等，應有盡有，還有一些裁縫和修補鞋子的店面。

威尼斯宮博物館

總是人潮蝟集的威尼斯廣場

人潮洶湧的威尼斯廣場

在伍迪‧艾倫編導的電影《愛上羅馬》中，鏡頭一開始以威尼斯廣場為場景，一位羅馬的交通警察開場就說：「我是羅馬人，每天看大家形形色色，羅馬真是妙不可言。」可見威尼斯廣場總是人潮蝟集。

威尼斯廣場是位於羅馬的一個廣場，因為附近的威尼斯宮（Palazzo Venezia）而得名，威尼斯宮為羅馬最早的文藝復興建築之一，曾經是威尼斯大使館的所在地。1917 年，義大利獲得這棟建築的所有權，從 1926 年起，獨裁者墨索里尼將辦公室搬到了威尼斯宮，他的幾次演講都在 2 樓的陽臺上進行，當時廣場擠滿了群眾。如今，威尼斯宮一部分被規劃成博物館及美術館，展覽雕塑、陶器、銀器、繪畫等。

不過，來到威尼斯廣場，眼神通常會落在威尼斯廣場那棟 70 多公尺的白色大理石建築，這棟是維托‧艾曼紐二世紀念堂（Monumento a Vittorio Emanuele II），為了慶祝 1870 年義大利統一而建造，原建於 1911 年，完成於 1935 年，位在中央的巨大騎馬像就是統一義大利的艾曼紐二世國王。

艾曼紐二世紀念堂新古典風格的白色建築，看起來比附近的古羅馬建築年輕許多，16 根圓柱形成的弧形立面是其特色，看起來很像蛋糕上的蠟燭，也因此被形容為「結婚蛋糕」。由於這整棟建築位在圓形競技場、凱旋門、圖拉真圓柱等遺跡附近，因此常引來爭議與批評，認為這棟建築的歷史感不足，無法與羅馬其他建築媲美。儘管如此，此處交通便利、人潮洶湧，已是羅馬必遊的觀光勝地。

義見鍾情

51

義大利北部之旅

長得像結婚蛋糕的艾曼紐二世紀念堂

威尼斯廣場周邊建議路線

威尼斯廣場往南走，可到羅馬的露天劇院馬切羅劇場（Teatro di Marcello），一般所熟知的圓形競技場，其實是仿照它的造型呢！再往南走就是位於希臘聖母堂門廊的真理之口，因為電影《羅馬假期》而聲名大噪，有空不妨來此體驗一下「測謊儀」。

TIPS

52

義大利北部之旅

兩千年不倒的萬神殿

在電影《天使與魔鬼》裡，蘭登教授在梵蒂岡的檔案室拿到謎腳「桑提土墓起，惡魔洞相伴」後，認為「桑提土墓」意指拉斐爾的墓，因為桑提（Santi）是拉斐爾的姓。不只拉斐爾，還有藝術家卡拉齊（Annibale Carracci）及幾位義大利統一後的國王和王后都葬於萬神殿。

萬神殿（Pantheon），又稱萬神廟，pan 意指全部，theon 意指神，Pantheon 即指眾神。萬神殿於西元前 27 年的羅馬共和國時期，為了紀念屋大維打敗安東尼和埃

結構簡單的萬神殿

及豔后克麗奧帕特拉，由屋大維的女婿阿格里巴（Marcus Vipsanius Agrippa）所建。萬神殿最初是敬奉眾神的廟宇，曾於西元 80 年時毀於祝融，在西元 125 年左右由哈德良皇帝徹底修建過。萬神殿堪稱不凡的建築傑作，取用當時希臘建築的概念，外觀僅以 16 根用花崗岩製成的圓柱，以及簡單的山牆設計，結構簡單而明瞭。

　　屹立 2,000 年的萬神殿，頂部覆蓋了一個直徑達 43.3 公尺的穹頂，令人最讚嘆之處為整座建築唯一的採光──圓頂最高點正中央的「洞眼」，光線從頂部洩下，牆和地板會隨著陽光移動的角度，呈現不同的彩光，讓整棟建築顯得更華美莊嚴。

　　整棟建築都由混凝土澆灌而成，為了避免混凝土的張力無法承受它自身的重量而崩塌，建築時在基座使用較重的骨料，上方則選用較輕的骨料，並發揮高超的建築力學技術，沒有任何一根柱子支撐卻屹立不搖，堪稱是建築上的一個奇蹟。這個圓頂在雨天時，也會滲入雨水，但會聚集在地板中央鑲嵌的 22 個排水小孔，再從地下排水道流出。

　　萬神殿是古羅馬偉大建築的代表，所以也有著「天使的設計」之美譽，並且深

萬神殿的穹頂　　　　　　　　　　　　　萬神殿內局部

深影響了文藝復興時期的建築。

乾涸的許願池

特拉維噴泉（Fontana di
Trevi），當地稱少女泉，是羅馬
境內最大的巴洛克風格噴泉，也

萬神殿周邊建議路線

萬神殿的右前方，就是金杯咖啡（Caffè Tazza
d'oro），《天使與魔鬼》的作者丹‧布
朗說這裡有全羅馬最好喝的咖啡，有機
會一定要去品嘗。

TIPS

是名聞遐邇的許願池。最初對許願池的印象，來自電影《羅馬假期》，飾演公主的
奧黛麗‧赫本剪了頭髮後，來到許願池附近，背對著許願池許願。後來，則是電影《羅
馬之戀》（Three Coins in the Fountain），敘述三個美國女子彼德斯、麥吉兒、麥克
娜瑪拉，她們根據當地的傳說，在春天時向少女泉投下一枚硬幣，希望能實現願望，
卻各自歷經不同的遭遇及挫折，這齣戲最終以喜劇結尾，三人在許願池前如願以償。
頓時，真的很想親自去羅馬，到慕名已久的許願池，擲個硬幣許下心願。

來羅馬之前，就有好友耳提面命，一定要到許願池，並且示範最正確的許願姿
勢，背對著特拉維噴泉，由左肩向池中丟一枚硬幣。我甚至還在出發前，揣想著要
許什麼樣的願望。結果，到了許願池前，旁邊架了許多鷹架，看來是維修中，感覺
大煞風景。池中不僅沒水，四周架起的圍籬與招牌也破壞了美感，儘管如此，遊客
依舊絡繹不絕，我心中也燃起這樣一簇火花，有一天我必能再重返羅馬，對著特拉
維噴泉許願。

儘管是乾涸的許願池，其背景建築海神宮（Palazzo Poli）仍然很吸睛，中間站
著海神尼普頓（Neptune），左右兩側則是豐裕和健康的女神，而最上方的四位女神
代表著四季。

整修中又乾涸的許願池　　　　　　　　　旁邊的圍籬折損了許願池的美感

人山人海的西班牙廣場

　　西班牙廣場令大多數人聯想到電影《羅馬假期》中，奧黛麗‧赫本在此處吃冰淇淋的經典畫面，這也是伍迪‧艾倫的電影《愛上羅馬》最後一幕場景。

　　西班牙廣場（Piazza di Spagna），位於蘋秋（Pincio）山丘下，而西班牙石階頂端就是山上的天主聖三教堂（Trinità dei Monti，由法國波旁王朝的國王所資助建造）。這個廣場雖然建於法王查理八世時代，但因為一旁的西班牙大使館，遂有了了西班牙廣場之名。

總是人滿為患的西班牙廣場

　　西班牙廣場在 16 世紀後，由教宗伍朋八世（原名 Maffeo Barberini）委託濟安‧勞倫佐‧貝尼尼（Gian Lorenzo Bernini）設計破船溫泉，再經其父親彼得‧貝尼尼（Pietro Bernini）改建。從此，西班牙廣場經過規劃整建，成為羅馬的繁華區域，廣場上無論是淡季、旺季都人山人海。這裡不但是著名的觀光勝地，也是文人雅士喜愛前來的地方，像是拜倫、歌德、巴爾札克、斯湯達爾都曾經在附近的咖啡館找尋創作靈感，而音樂家李斯特（Liszt）和華格納（Wanger）也曾經在此居住過。

　　不過，也許是之前將西班牙廣場想像得太美，來了有點失望，過於擁擠的人潮

西班牙廣場周邊建議路線

如果有充裕的時間，可以前往西班牙廣場角落的 26 號，參觀濟慈暨雪萊紀念館。濟慈與雪萊同是英國的浪漫主義詩人，兩人都在義大利逝世，而且時間相隔不到兩年。

TIPS

及看板上的廣告，都折損了美感。而且來到破船溫泉附近，根本沒有一滴水，只見一艘乾涸的石船，怎麼許願池和破船溫泉都缺水呢？

重要的國中之國——世界最小的國家梵蒂岡

梵蒂岡城國（Stato della Città del Vaticano），簡稱梵蒂岡或梵蒂岡城，是位在義大利首都羅馬西北角高地的內陸城邦國家，稱得上是「國中之國」。梵蒂岡只有 0.44 平方公里，是世界上最小的國家，人口僅 800 多人，不過它在全世界卻有好幾億信仰的人口，是教宗駐地所在，也是全球天主教徒的聖地。

梵蒂岡自 1929 年起，以《拉特蘭條約》（Patti Lateranensi）確定為主權國家，

手持兵器的瑞士近衛兵

帥氣挺拔的瑞士近衛兵

梵蒂岡不僅有自己的媒體，還具有完整的行政、司法、警察、軍隊、郵政系統，而且幾乎全境都是世界遺產。

來到梵蒂岡，那些穿著紅黃藍彩條紋制服，手持兵器的瑞士近衛隊也是吸引人的重要「景觀」之一。梵蒂岡會任用瑞士近衛隊的原由是，1527 年，哈布斯堡王朝查理五世（Charles V）的軍隊血洗羅馬城，梵蒂岡衛隊中除了瑞士人忠誠堅守，其他國家的僱傭兵都逃逸無蹤，事後教宗下令，瑞士近衛隊全權保護教廷安全，一直延續至今。

藍天白雲下的聖彼得廣場顯得更寬廣

聖彼得廣場外排隊的人潮

華美宏大的聖彼得廣場

無論是誰來到聖彼得廣場，很難不被這宏偉壯觀的建築及廣大的空間所震撼，而頓時感到自己的渺小。

聖彼得廣場（Piazza San Pietro），是羅馬最著名的廣場，更是世界上最大的公共集合場所。聖彼得廣場的設計出自 17 世紀的巴洛克大師貝尼尼（Giovanni Lorenzo Bernini）之手，由 280 根長柱，每 4 根一組圍出了達 240 公尺的長軸，從聖彼得大教堂左右兩翼延伸而出，猶如張開的雙臂，氣勢懾人。其實，這具有神聖的寓意，聖彼得大教堂代表耶穌的聖體，而兩旁圓形的柱廊則象徵耶穌張開的雙臂，隨時要擁抱從世界各地前來的信徒。

聖彼得廣場中間轟立著一根高達 25.5 公尺的方尖碑（加上基座是 41 公尺），方尖碑是由羅馬皇帝卡利古拉（Gaius Caligula）遠從埃及運回羅馬，也是所有羅馬方尖碑中未曾倒下的一座。

廣場前氣勢不凡的噴泉　　　　　　　　　　外觀富麗堂皇的聖彼得大教堂

聖彼得大教堂的驚嘆巡禮

　　為了一訪這座全世界最大的教堂，我們足足在廣場外排隊排了 2 小時多，只為一窺教堂內部的真面目。儘管我不是天主教徒，也沒有什麼虔誠的宗教信仰，但仍被這個天主教會視為最神聖的地點震懾住，裡面恢弘大氣、神聖莊嚴、華美壯麗的建築設計，令人為之屏息。

　　一進教堂，目光就會被祭壇那巴洛克風格的聖體傘（Baldacchino）所吸引，這華麗的聖體傘建於 1624 年，覆蓋在聖彼得墓穴正上方，總重 37,000 公斤，由 27 公尺高的螺旋柱支撐，是全世界最大的銅鑄物，由教宗伍朋八世（Urbano VIII）委託貝尼尼所設計。

　　聖體傘頂端則是米開朗基羅所設計的圓頂，但卻未能在生前完成。這座圓頂高136.5 公尺，陽光透過圓頂灑落聖體傘，象徵來自天國之光。

　　教堂的右手邊是聖殤禮拜堂，有米開朗基羅的著名雕刻作品《聖殤》（Pietà），表現了基督的屍體從十字架卸下時，聖母瑪利亞懷抱著基督屍體，哀而不傷的安詳面容。這座重達 3,000 多公斤的純白大理石雕刻作品，表現了聖母深沉而貞潔的美，也是米開朗基羅唯一在上面簽名的雕刻作品。由於曾在 1972年遭人攻擊破壞，因此目前加裝了防彈玻璃保護。

聖彼得廣場周邊建議路線

在聖彼得廣場的西北邊，就是梵蒂岡博物館，如果時間充裕，可去參觀這座擁有數十萬件藝術品的博物館。聖彼得廣場的東邊，則是著名的聖天使堡，電影《天使與魔鬼》就以聖天使堡為光明教會所在地。

TIPS

1 又稱青銅華蓋的聖體傘　　2 由米開朗基羅設計的圓頂　　3 拉斐爾的馬賽克鑲嵌畫《基督變容》
4 米開朗基羅著名雕刻作品《聖殤》

一生必定要造訪的百花之都——
佛羅倫斯

　　還沒造訪佛羅倫斯（英語：Florence）
之前，看到文人歌頌佛羅倫斯的美好，最初的印
象，來自徐志摩的詩作〈翡冷翠的一夜〉及散文〈翡冷翠
山居閒話〉，徐志摩將這個城市譯成翡冷翠（義大利語：
Firenze）。我覺得翡冷翠聽起來詩情畫意，而佛羅倫斯則有藝
術氣息。

　　佛羅倫斯名稱的由來，是西元前 59 年，此地曾被奧古斯都大帝

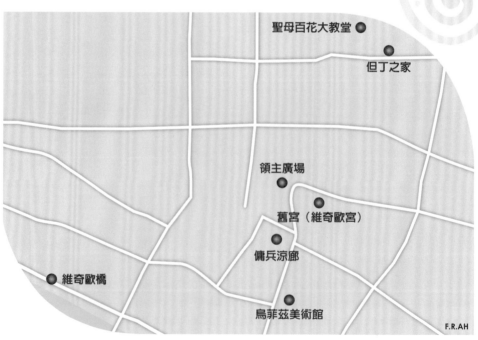

聖母百花大教堂 ●

但丁之家

領主廣場

舊宮（維奇歐宮）

傭兵涼廊

維奇歐橋

烏菲茲美術館

F.R.AH

（屋大維）統治的羅馬占領，當時的拉丁文命名為 Florentia，因為古羅馬駐軍時營區種滿了百合花，所以又有花都的稱號，英文稱為 Florence，具有百花奔放之意。一直到 1925 年，徐志摩旅居佛羅倫斯，才將之譯為翡冷翠。

沉浸在令文學家、藝術家暈眩的文藝搖籃

在遊歷佛羅倫斯前，我曾在書和電影中先體驗此處的風采。我對法國作家斯湯達爾（Stendhal）的一句話記憶深刻，他在佛羅倫斯的聖十字教堂前說：「我一直擔心自己因為這美麗而昏了過去。」後來，這類對美感體會的病態在現代被稱作「斯湯達爾症候群」（Stendhal Syndrome）。

當我走到聖母百花大教堂前，雨就這麼滂沱下起，撐起傘的旅客依然爭先恐後在主教堂前聽導覽、欣賞、拍照。聖母百花大教堂實在令人驚豔，雖不至於有斯湯達爾症候群，倒是有一瞬間產生了幻覺，以為自己置身於童話仙境中，然而這童話式的建築，又有著壯觀華麗到極致的外貌。

世人對佛羅倫斯不斷歌頌與讚嘆，身為托斯卡尼區的首府，佛羅倫斯就像是一個擁有千萬風情的女神，她也的確不會讓你失望。在這個文藝復興的發源地，她除了有看不盡的偉大建築、藝術瑰寶，也能提供任何關於美好藝文的想像。這裡是藝術三傑達文西、米開朗基羅、拉斐爾大放異彩之處，也是偉大的義大利文壇三傑但丁、彼得拉克、薄伽丘的家鄉；這裡是 20 世紀重要的義大利作家卡爾維諾曾求學的地方，也是《小木偶奇遇記》作者卡洛‧科洛迪的故鄉；這裡是天文學之父伽利略出生的地點，也是著名建築家菲利波‧布魯內萊斯基（Filippo Brunelleschi）設計出聖母百花大教堂穹頂的地方……。來到這裡，你的美感與浪漫會不由自主被激發，你會戀戀不忘、流連忘返，你會想著：「下次，我一定還要再來。」

佛羅倫斯還是許多著名電影的拍攝地點。榮獲奧斯卡金像獎八項提名的《窗外有藍天》（A Room with a View），描述一個英國女子到義大利的佛羅倫斯度假，碰到英國青年喬治和他的父親同住在一家旅館。露西因為自己的房間看不到風景而失望，喬治的父親把自己住的房間讓給了露西，喬治流露出對露西的傾慕，但露西對喬治那種下流階層、不顧繁文縟節的種種行為卻很不習慣……。

《窗外有藍天》其中有一幕是在領主廣場，女主角目睹義大利人群毆將人打死，因受不了如此暴力的場面而暈倒；還有最後一幕，男女主角在看得見聖母百花大教堂圓頂的窗邊纏綣擁吻，畫面經典，令人印象深刻。這大概是我看過的電影中，把佛羅倫斯的場景和劇情結合得最恰到好處的一部。

這部電影乍看是部浪漫的愛情文藝片，實則表達了人生的一種選擇與追求，女主角放棄了虛偽傲慢、頑固不靈的賽西爾，最終選擇了直率真誠的喬治。從電影裡，可以感受女主角來到佛羅倫斯後，所有傳統壓抑、墨守成規的禮教全都被釋放了，這正是佛羅倫斯令人無法抵擋的魅力。置身於這個藝術之都，無論原本多麼理性、冷靜的人，都不禁會被激發出感性與熱情。

另一部日本電影《佛羅倫斯迷宮——尋找 15 世紀的我》，是描述雜誌記者森下典子，因為遇見一位自稱可以看到前世的女性，讓她既懷疑又好奇地沉浸在那位女性的話中謎團，到佛羅倫斯尋找她的前世——活躍於 15 世紀文藝復興時期的天才雕刻家 Desiderio da Settignano。此部片著重於 Desiderio da Settignano 的身世探索，同時欣賞文藝復興時期巧奪天工的雕刻作品。

常常有人將佛羅倫斯比喻為文藝復興的搖籃，一點也沒錯，在洋溢著文藝的氛圍裡，即使是一個冷漠、缺乏想像力的人，也忍不住為她耽溺、為她瘋狂，無法拒絕她的風華絕代。

· 如果搭飛機前往佛羅倫斯，大多會降落在佩雷托拉機場（Aeroporto di Firenze-Perètola），又稱維斯普奇機場（Amerigo Vespucci），主要起降歐洲和國內航線，距離佛羅倫斯市區很近，要轉乘機場巴士、公共巴士、計程車都很方便。
· 如果要搭火車，佛羅倫斯主要有新聖母車站（Stazione di Firenze Santa Maria Novella），以及坎波‧德‧瑪爾特車站（Stazione di Firenze Campo di Marte），前者可通往義大利及歐洲各大城市，後者只通往義大利境內一些城市且多為慢車。
· 佛羅倫斯沒有地鐵，但巴士路線頻密，也有單軌電車，兩者可轉乘，有效時間為 90 分鐘。遊客在第一次上車時，記得要將車票放入車上的戳印機，在有效時間內即可轉乘各種大眾交通工具，十分方便。

迷失在美侖美奐的主教堂周邊

曾在書裡看過一句話：「如果你不曾在威尼斯迷路，那你就用錯了方式遊歷威尼斯。」沒想到竟讓我在佛羅倫斯就體驗到了。

早在來佛羅倫斯之前，我不知在書或雜誌裡看過幾次聖母百花大教堂的面貌，當時，喜歡她的色彩斑斕及童話般的外型，華麗夢幻是我第一次看到其照片的印象。但親眼目睹聖母百花大教堂後，我卻不知如何形容，色彩斑斕、雕工精湛、外型童話、巍峨壯觀……都不足以說明，這座聖母百花大教堂是集合多位建築家、藝術家之手的結晶，若用三言兩語形容，真的太膚淺了。

聖母百花大教堂門口顯得堂皇大氣

雨中的聖母百花大教堂美得有點夢幻

接著去遊領主廣場時，突然想上廁所，我打算走回聖母百花教堂附近的廁所，Karl Wang 說他在領主廣場拍照等我，相約十分鐘後在海神的雕像附近會面。結果我上完廁所出來就迷路了，短短 5 分鐘的路程，竟然花掉將近 5 倍的時間才走到。我只能說是因為聖母百花教堂太美，美得令人迷路，甚至耽誤了接下來要去參訪但丁之家的行程。

回到臺灣後，我仍覺得可惜，參訪主教堂區的時間，應該規劃 2 天以上才夠。

夢幻瑰麗的聖母百花大教堂

雖沒有特定的宗教信仰，平時僅對佛道宗教較有接觸，過去更是鮮少進入教堂，但自從來到義大利後，發現每座教堂都是值得參觀的珍貴藝術，而且教堂裡莊嚴靜穆、典雅富麗的氛圍，總是令我感動萬分。

如果以外貌來看教堂，在義大利的教堂中，聖母百花大教堂名列第一。如此巧奪天工的圓頂，連米開朗基羅都說：「我可以蓋出更大的圓頂，但我蓋不出比聖母

百花大教堂更美的圓頂。」其外部用磚紅、奶白、墨綠三色的大理石裝飾成幾何圖形；三扇巨大的古銅門面上，描繪聖母瑪利亞的故事畫；每扇門上還有絢麗的花窗，陳列一排聖母、聖子及十二門徒的雕像。仔細看教堂的每個部位，雕刻精美繁複又獨具匠心，真是只能不斷發出一連串的讚、讚、讚！能在這座美侖美奐的教堂前，當個街頭藝人（歌手、畫家），想必也是一種獨特的幸福吧！

初晴的聖母百花大教堂難掩嫵媚風情

聖母百花大教堂始建於 1296 年，由建築師阿諾爾福·迪·坎比歐（Arnolfo di Cambio）設計，但他在完成大教堂的牆面就去世了。這項偉大的工程十分艱鉅，接任的幾位建築師都因為個人喜好，而改變了原來的設計樣貌，期間曾經動用過十多個建築師。直到 1418 年天才建築師布魯內萊斯基（Brunelleschi）接手，終於在 1436 年完工，也完成了著名的圓頂（穹頂）建造。之後 1887 年，建築師法布利斯（Emilio De Fabris）將教堂壁面加入哥德式風格的設計。

位在聖母百花大教堂的西側，有一座八角形的洗禮堂，最早是古代羅馬遺留下來的小廟宇，許多當地的名人都在此受洗，目前正在整修中。其中最受矚目的是南、北、東這三個方向，華麗精緻的三大銅門，以東側大門最為有名，由洛倫佐·吉伯提（Lorenzo Ghiberti）設計鑄造，他以浮雕鑲板全部鍍金，被米開朗基羅譽為「天堂之門」。

聖母百花大教堂的圓頂是有史以來最大的磚造穹頂，內有螺旋階梯，據說要爬上 463 級狹窄的階梯，才能直達穹頂鳥瞰佛羅倫斯市區的美好風光。連續三天的旅程都睡眠不足，怕體力難以負荷，只好作罷，許下心願，希望下次來時能登上圓頂。

1 雕工精美的花窗及十二門徒的雕像，令人讚嘆　2 設計聖母百花大教堂的阿諾爾福·迪·坎比歐
3 完成教堂圓頂的天才建築師布魯內萊斯基

大教堂附近的街頭漫畫家，畫風幽默　　　　　　　　整修中的天堂之門

喬托鐘樓

　　喬托鐘樓（Campanile di Giotto）位在聖母百花大教堂的西南側，最早由文藝復興時期的畫家兼建築師喬托（Giotto di Bondone）於1334年設計，他用了三年的時間，蓋起第一層後便與世長辭。第二層是由建築師安德烈‧必薩諾（Andrea Pisano）完成，最後三層則由弗朗切斯科‧達連迪（Francesco Talenti）完成。

　　鐘樓呈正方形，總共五層，每邊長 14.45 公尺，總高度為 89 公尺。喬托蓋的第一層分上、下兩段飾板，下層飾板表現的是《創世紀時人類的生活》和《人間百藝》，內容描繪人類起源，例如亞當夏娃的故事，還有人間百藝，包括農耕、狩獵、紡織、醫學、繪畫、航行、天文等；上層飾板表現的是天上《諸星宿》、人間《諸德行》、《諸善藝》和《聖事諸儀》。第二層也分為上、下兩段，四周分別裝飾著 16 個象徵美德和藝術的聖者和先知的壁龕，以及 16 個假壁龕。最後三層則開有新哥德式窗戶，雖然三者的設計不同，卻能在不同風格搭配下相得益彰。喬托鐘樓共有 414 級階梯可直達樓頂，是觀賞主教堂圓頂的最佳位置。

1 由喬托設計並完成的第一層鐘樓，又分上、下兩層飾板　2 位在聖母百花大教堂西南側的喬托鐘樓
3 聖母百花大教堂與喬托鐘樓組成不凡的氣勢

栩栩如生的聖經與希臘羅馬神話——領主廣場

　　領主廣場（Piazza della Signoria），是佛羅倫斯舊宮（Palazzo Vecchio）前的 L 形廣場。梅迪奇統治時期，廣場上的舊宮，就是梅迪奇家族的府邸。現在舊宮則是佛羅倫斯的市政廳。

　　領主廣場上引人注目的雕像及傭兵涼廊，以及烏菲茲美術館，都是佛羅倫斯必遊的景點。有人說領主廣場好比一座露天的雕刻博物館，我認為，如果要形容得更貼切，領主廣場應該好比是一座立體的聖經及希臘羅馬神話故事書，知名人物栩栩如生地站在你眼前。

膾炙人口的大衛雕像

　　大衛雕像是在 1501 年，米開朗基羅接受共和政府委託所雕塑，可說是經典中的經典！凡來遊歷佛羅倫斯的人，無不想一睹大衛雕像的風采，因為它是文藝復興雕塑巨匠米開朗基羅震古鑠今的作品，被視為西方美術史上最優秀的男性人體雕像之

俊美而英姿煥發的大衛雕像

大衛雕像底下永遠擠滿了觀賞的遊客

一。不過在領主廣場這件是複製品（原作在佛羅倫斯的美術學院，避免在戶外風吹雨打），但他的魅力不減，與他爭相拍照的遊客更是川流不息。

大衛是《聖經》中機智勇敢的經典人物，當非利士部族侵犯以色列，牧童出身的大衛挺身而出，將非利士的猛將歌利亞殺死，保衛了祖國的城市和人民，使他成為受愛戴的少年英雄。當時也象徵共和國推翻專制的勝利。

米開朗基羅一反過去藝術家雕塑大衛時，採用他割下歌利亞的頭顱，放在腳邊的情景。而是呈現決戰歌利亞前備戰中的狀態，這種出戰時緊張而亢奮的神情，似乎比作戰後的鬆懈更撼動人心。

這座大衛全裸雕像，以整塊純白大理石雕成。這塊石頭就像是注入了新的靈魂，賦予了新的生命，從這座雕像可以看出大衛英姿煥發，即將決戰那種略帶緊張的情緒。他的體格健美，全身的皮膚、肌理紋路、血管表現得如此細微，宛如一個活靈活現、蓄勢待發的英雄就站在眼前，簡直是鬼斧神工的境界，難怪大衛雕像如此膾炙人口。

海克力士與卡科斯

在舊宮門口另一側，擺置的是班迪內利（Bandinelli）的海克力士（Hercules）與卡科斯（Cacus）雕像。1504 年大衛雕像安置在舊宮前，傳達反抗強權統治的訊息。1512 年，梅迪奇家族重掌政權，1534 年班迪內利受梅迪奇家族委託，打造一座象徵梅迪奇家族權力的作品《海克力士和卡科斯》，矗立在舊宮的另一側，為了與米開朗基羅的《大衛》一爭高下。

海克力士是天神宙斯的私生子，曾經喝過希拉（Hera）的奶水而變得力大無比，未足歲就曾徒手捏死兩條欲致他於死地的毒蛇。海克力士的「十二件磨難」是著名的英雄事跡，第十件任務就是帶回格律翁（Geryon）飼養的牛，他完成任務趕牛返回時，逮到三頭巨人卡科斯（Cacus）偷牛，兩人頓起爭鬥，

班迪內利的《海克力士和卡科斯》，欲展現梅迪奇家族的強權

海克力士便拿棍子活活將對方打死。

《大衛》與《海克力士和卡科斯》已經對
峙五百年之久，但以米開朗基羅的地位和《大
衛》的藝術價值，《海克力士和卡科斯》雖也
有值得稱頌之處，但還是以被世人嘲諷和批評
居多。

免費的露天美術館──傭兵涼廊

「傭兵涼廊」這個名稱源於柯西莫一世大
公統治時期，當時德國僱傭兵在此處駐紮。傭
兵涼廊修建於 1316 ～ 1378 年之間，用以容納
集會的人群，並舉行公共儀式，而今則類似露
天美術館，擺上了各種巧奪天工的雕像。

湊近一看，這些雕像栩栩如生，的確很吸
睛。其中最著名、也令人怵目驚心的莫過於切
利尼（Benvenuto Cellini）的《柏修斯和美杜
莎》（Perseus and Medusa）雕像。只有這尊
是青銅雕刻的，很容易吸引目光，細看柏修斯
臉上的表情流露沉著冷靜，身體呈現一種戰鬥
後放鬆的狀態。柏修斯左手高舉著美杜莎的頭
（斷頭處竄出無數小蛇），右手持劍，左膝略
彎，腳下踏著女妖的身體，有一種勝利者瀟灑
自若的姿態，足以看出雕刻技巧精湛。

據說切利尼為了完成這座《柏修斯和美
杜莎》雕像，竟然不慎將自家屋頂給燒為灰燼
呢！美杜莎是神話中的女妖，她的一頭秀髮都
是毒蛇，而柏修斯則奉智慧女神之命去取得
美杜莎的頭顱。義大利著名時裝品牌凡賽斯
（Versace），就是以蛇髮女妖頭為標誌。

另外，還有一座《薩比奴之劫》
（Ratto delle Sabine）雕像，作者是強波隆納

傭兵涼廊前的石獅子

切利尼的作品《柏修斯和美杜莎》

強波隆納的作品《薩比奴之劫》　柯西莫一世的騎馬雕像　　　　　被譏為大白人的海神雕像

（Giambologna）。這座雕像是用有裂痕的大理石雕刻而成，並且採 360 度立體旋繞而上的雕刻技術完成。三個人物糾纏扭曲的戲劇張力，使雕像呈現血脈賁張的真實感，相當驚心動魄。

柯西莫一世騎馬雕像和海神噴泉

　　柯西莫一世騎馬雕像，是斐迪南一世·德·梅迪奇（Ferdinando I de'Medici）為了紀念他去世的父親——第一任托斯卡尼大公柯西莫一世（Cosimo I de' Medici），委託當時有名的文藝復興雕塑家強波隆納所製作。柯西莫一世於 1537 ～ 1574 年擔任佛羅倫斯公爵，並在 1569 年擔任第一代托斯卡尼大公。

　　舊宮前的廣場上還有一座海神噴泉，這是柯西莫一世委託阿曼那提（Ammannati）設計的海神像。原先是慶賀他的兒子弗朗切斯科一世（Francesco I de' Medici），與神聖羅馬帝國皇帝裴迪南一世（Ferdinand I）的幼女奧喬安娜，在 1565 年的婚禮，而之所以選擇海神也象徵著他在海上權力的野心與威望。作品完成後，

並未受到佛羅倫斯人的賞識，反而將巨大的海神稱為大白人，阿曼那提甚至被米開朗基羅嘲笑白白糟蹋了這塊上好的大理石呢！我個人倒是覺得海神其實滿生動的，尤其是他的屁股，辨識度高，令人印象深刻。

圍繞在海神周遭的可愛小妖也相當生動可愛，幫海神加了不少分數，而這些小妖卻是強波隆納的作品。

佛羅倫斯市政廳──舊宮

類似城堡建築的舊宮看來穩重古樸

舊宮（Palazzo Vecchio），又稱領主宮、維奇歐宮，是佛羅倫斯的市政廳。由建築師阿諾弗‧康比歐（Arnolfo di Cambio）在1299年設計建造，舊宮外表類似城堡建築，外牆則是石板貼面。從13世紀起，舊宮即作為共和政府的官邸與市政廳，在梅迪奇家族統治時期，就是梅迪奇家族的大公府邸。

舊宮最值得參觀的是「五百人大廳」（Salone dei Cinquecento），以及弗朗切斯科一世的辦公室，位於建築二樓，長54公尺，寬23公尺，高18公尺，作為義大利的人民接待廳。

哥德式窗戶和石板貼面外牆是舊宮的特色

舊宮雖是領主廣場上一個重要的景點，但對我來說，廣場及傭兵涼廊的那些雕像，可比參觀舊宮生動有趣得多。

聖母百花大教堂及領主廣場周邊建議路線
遊完聖母百花大教堂，往南步行約 5 ～ 10 分鐘，就可以走到但丁之家，這是為了紀念義大利語文之父但丁所重新設計改造，並且成立但丁博物館。而參訪了領主廣場上的雕塑作品後，則可進入著名的烏菲茲美術館欣賞歐洲最古老的畫作。（詳細介紹參見第 132 頁的繪畫文學探勘之旅）

TIPS

風情萬種的迷人水都──威尼斯

　　威尼斯，這個浪漫、迷人的美麗水都，
是沒去過前很憧憬，去過後又念念不忘，還想再
去一次的城市。威尼斯別名「亞得里亞海女王」，從商業
觀點來說，在十字軍東征時，此處打開了與東方的貿易之
路，讓威尼斯成為最富強的地中海貿易國家。
　　的確，威尼斯就像一個高貴、具有優雅氣質的女王，讓大文豪歌
德、朱自清、托瑪斯‧曼，以及音樂家華格納都拜倒在她的石榴裙下。

哥朵尼劇院

時鐘塔

聖馬可大教堂

鐘樓

嘆息橋

柯瑞爾博物館

總督宮

菲尼切歌劇院，
即鳳凰歌劇院

F.R.AH

令多少作家、藝術家也微醺的迷情水都

　　抵達聖路濟亞（Santa Lucia）車站時，已是黃昏，被彩霞染紅的天空，像撲了一層腮紅，如夢似幻。而黃昏的威尼斯，就像醇釀的紅葡萄酒，等著我們開瓶品嘗。真的，剛到威尼斯，你就會有微醺之感，看著波光粼粼的水面上幾艘船恣意航行，看著蜿蜒曲折的巷弄之間橋橋相連，看著那些拜占庭風格、歌德風格及巴洛克風格的建築……除了手癢，拿起相機捕捉這一幕幕美好的畫面，也開啟了久久不曾有的文學、藝術情懷。

　　十多年前就對威尼斯充滿嚮往，只因無數作家和藝術家賦予她太多浪漫、動人的詮釋。想起德國文學家歌德第一次到威尼斯時，曾在日記裡寫著：「我第一次望見威尼斯，不久就要進入這奇妙的島域，這個海域之國。謝天謝地，對我來說，威尼斯終於不再是一個名詞，不再是一個空洞的名字。」

　　而朱自清寫的一篇〈威尼斯〉其中有一段是這麼描述：「中國人到此，彷彿江南水鄉；夏初從歐洲北部來的，在這兒還可看見清清楚楚的春天背影。海水那麼綠，那麼釅，會帶你到夢中去。」

　　記得幾年前去江南時，也看到雜誌都把江南水鄉比喻為「東方的威尼斯」，我雖歌詠江南水鄉之美，卻也想一窺威尼斯的真正魅力。後來又有人將臺灣淡水比喻

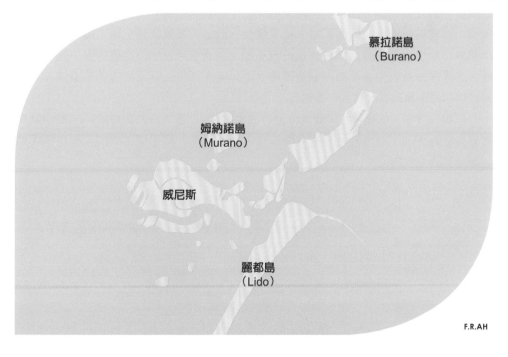

慕拉諾島
（Burano）

姆納諾島
（Murano）

威尼斯

麗都島
（Lido）

F.R.AH

聖路濟亞車站對面──聖西梅歐內教堂　　　　　　聖路濟亞車站對面──斯卡爾濟橋

為「東方威尼斯」，甚至泰國曼谷也被稱為「東方威尼斯」……有這麼多地方搶當「東方威尼斯」，無疑是因為威尼斯即美好城市的代名詞，其魅力人人無法抵擋。

德裔諾貝爾文學獎得主托瑪斯‧曼的小說《魂斷威尼斯》，是以威尼斯和麗都島為背景，敘述一位老作家奧森巴哈對長期緊繃而嚴謹的寫作生涯感到厭倦，於是到威尼斯度假。威尼斯令人陶醉的美景，撩撥起奧森巴哈長期壓抑的感性思維，他愛上了一個美如希臘雕像的少年達秋，這份感情也成為他老年喪女的一種心理補償，從欣賞到關注達秋的一舉一動，幾乎進入完全忘我的境界。後來，威尼斯爆發霍亂疫情，遊客紛紛出走，但他卻為了多看達秋一眼，不願離開威尼斯，繼續遊走大街小巷關心那名少年，霍亂終於使他一病不起，命喪威尼斯。很喜歡這部小說裡，那種人臨死前依然對生命與美充滿熱烈追求的內涵，作者以威尼斯這個美得讓人捨不得離開的城市為背景，真的非常貼切。

而這次贊助我旅費，並與我結伴出遊的 Karl Wang 最崇拜的音樂家──華格納，相當喜歡義大利，他的歌劇《崔斯坦與伊索德》就是在威尼斯完成的，他也是在威尼斯度假時去世的。

‧如果是在義大利境內，建議可搭義大利國鐵 Trenitalia，或是法拉利火車 Italo，到聖路濟亞（Santa Lucia）車站，再到聖馬可廣場散步，也可坐水上巴士遊覽大運河風光，貢多拉更是觀光客必坐的水上交通工具。

義見鍾情

76

義大利北部之旅

開始淹水的聖馬可廣場

威尼斯最美的客廳淹水了——聖馬可廣場

　　聖馬可廣場是威尼斯的中心廣場，也是政治重心。法國皇帝拿破崙曾稱讚聖馬可廣場為「歐洲最美的客廳」，雖然我還未遊遍歐洲，仍自作主張用威尼斯最美的客廳來稱讚它。

　　聖馬可廣場周圍的建築巍峨華麗，讓整個水都更洋溢著浪漫迷人的氣息，如總督宮、聖馬可大教堂、時鐘塔等，都是必遊之處。

　　因為聖馬可廣場是地勢最低點，如果遇到漲潮或下雨，就容易淹水。我們此行也遇到了聖馬可廣場淹水的情形，幸好情況並不嚴重，算是個特別的旅途經驗。

聖馬可大教堂

　　來到聖馬可廣場，卻看不到五座像洋蔥的教堂圓頂全貌，因為部分在整修中，不過仍無損它的莊嚴華美。聖馬可大教堂（Basilica Cattedrale Patriarcale di San

1 聖馬可鐘樓　　2 整修中的聖馬可大教堂　　3 聖馬可大教堂《最後的審判》鑲嵌畫

Marco），是水都的主教堂，建於 9 世紀，用來存放威尼斯商人由埃及亞歷山卓偷運出來的聖馬可遺骨，聽說當時是用豬肉覆蓋住聖馬可遺骨，才得以通過關防。我和 Karl Wang 邊逛邊討論聖馬可為何如此偉大，甚至成為威尼斯的聖人，兩人手中帶來的旅遊導覽書都沒有下定論，後來還是回旅館上網搬出 Google 大神才確認，原來聖馬可是《新約聖經》其中一篇〈馬可福音〉的作者，但他並非十二使徒之一。

當時，威尼斯因為海上貿易的關係，與拜占庭帝國密切往來，所以聖馬可大教堂就採東方風格，效法君士坦丁堡的兩座教堂——聖徒教堂（現已摧毀）和聖索菲亞教堂，樓面以中央集中的希臘十字造型，而五座圓頂的構想據說就來自聖索菲亞教堂。15 世紀時，加入哥德式裝飾，如尖尖的拱門；17 世紀時，又加入文藝復興的風格，如欄杆。

走到聖馬可大教堂的中央五個大拱門前，正門立面有華美的馬賽克鑲嵌畫，博學的 Karl Wang 一邊拍著最中央那幅《最後的審判》，一邊把我當成他的學生教導，我才知道這些馬賽克鑲嵌畫原來是有故事的，描述從亞歷山卓運回聖馬可遺體的過

總督宮大議會室的陽臺　　　　　　　　　　總督宮卡塔門（Porta della Carta）

程，分別是「運回聖馬可遺體」、「遺體到達威尼斯」、「最後的審判」、「聖馬可神話禮讚」、「聖馬可進入聖馬可大教堂」等五個設計主題。

　　聖馬可大教堂內部還可以看到來自世界各地的黃金珠寶及藝術品，這些都是從海外返回威尼斯的船隻所運來，用以裝飾教堂的珍貴寶物。

　　在聖馬可大教堂前方，還有一座聖馬可鐘樓，最上面是金字塔狀的尖塔，整座鐘樓原建於 1173 年，曾在 1902 年突然倒塌，歷經十多年，在 1912 年重建完成。

總督宮

　　總督宮（Palazzo Ducale）是歷任威尼斯總督的官邸所在，原本建於 9 世紀，屬於拜占庭風格，作為海運交通樞紐的防禦性建築。總督宮在 10 ～ 12 世紀時曾遭遇兩次祝融，而目前的建築外觀是在 14 ～ 15 世紀重建時加入哥德風，為結合拜占庭與哥德式風格的經典建築。

1 總督宮　2 嘆息橋與監獄　3 嘆息橋

　　我特別喜歡上層結合粉紅色與白色的幾何形大理石，還有最下層半圓形的拱廊。如果細心一點，不難發現，第九及第十根柱子的顏色也漆上了粉紅色，其實，這兩根柱子是用來頒布死刑判決書的，而總督宮旁邊的建築為監獄，著名的嘆息橋連通兩者。

嘆息橋

　　嘆息橋（Ponte dei Sospiri），完工於 1600 年，是威尼斯最著名的橋梁，也是世界上最著名的橋梁之一。久聞嘆息橋之名，親眼一見，我發現它比我想像得還美，雖然也曾看過坊間書籍上的照片，但臨場更有一種懾人的悲壯之美。而雨後的威尼斯讓嘆息橋沐浴在迷濛的氛圍裡，有幾對情侶在此拍照，更洋溢著浪漫感。嘆息橋是由英國詩人拜倫所命名，因為犯人在總督宮接受審判後，將跨越此橋走向死牢，不久就要告別人世，這座橋猶如生與死的交界點，僅能透過小小的窗口發出長長的

時鐘塔

近看時鐘塔

嘆息。

　　嘆息橋有一個浪漫的傳說，那就是戀人們在橋下乘貢多拉（Gondola）互吻，愛情就能永恆。電影《情定日落橋》（A Little Romance）更以嘆息橋取景，詮釋了這個浪漫的傳說，13 歲的美國女孩 Lauren 和 13 歲的法國男孩 Daniel，兩人相見後即墜入情網，但因地位懸殊而遭到反對，於是決定籌備旅費，私奔到威尼斯，在日落的嘆息橋下接吻，期盼獲得天長地久的愛情。

　　這部電影還讓我想到學生時代喜歡的一位歌手張洪量，也有一首歌《情定日落橋》，不過歌詞的內容似乎和嘆息橋沒什麼關係，不知他的創作靈感是否來自於電影呢？

時鐘塔

　　聖馬可時鐘塔位於聖馬可廣場的北側，Merceria 街入口處，塔上鑲嵌著巨大時鐘，其上鍍金的黃道十二宮很吸引我的目光。它是威尼斯重要的文藝復興建築之一，

15 世紀末由柯度西（Mauro Codussi）所設計，以鍍金及藍琺瑯製成，原是為航海用途而設計，讓航海人可準確掌握時間、推測潮汐。

　　時鐘上除了有黃道十二宮的設計，還有日月星辰的圖案，帶有奇幻的童趣，而在時鐘最上方矗立著聖馬可之獅雕像，下面是聖母與聖嬰雕像，塔頂則有兩尊摩爾人銅雕，每到整點就會敲鐘報時。

聖馬可廣場周邊建議路線

聖馬可區是初次造訪威尼斯必經路線，如果時間寬裕，建議可順遊著名的菲尼切歌劇院（La Fenice），即鳳凰歌劇院，劇院裡富麗堂皇、金碧輝煌。此外，還有比較現代的哥朵尼劇院（Teatro Carlo Goldoni），以及紀念威尼斯仕紳柯瑞爾的柯瑞爾博物館（Museo Correr Caffetteria）。

TIPS

暢遊威尼斯的水街──繽紛的水上建築之旅

　　常聽人家說，女人是水做的，那麼，這威尼斯何嘗不是水做的呢？如果將水都比喻成一位美麗的女子，大運河（Canalazzo）就猶如主動脈，而這些建築便是骨髓，維繫著源源不絕的生命力。呈 S 形的大運河是威尼斯最主要的交通幹線，一端通往威尼斯潟湖，位在聖路濟亞車站附近；另一端則是在聖馬可廣場附近。

水上巴士閱讀「另類」綺麗建築

　　到訪威尼斯，如果沒有來一趟水上之旅，就太對不起自己了。看著同樣來自臺灣的觀光客也都上了水上巴士，只不過我們一開始雖走大運河口，卻並非典型的大運河路線，這也是我回到旅館後，一一核對威尼斯的旅遊書，才發現我們只是經過大運河口，再轉往姆納諾島（Murano）的離島路線。

　　忘了是誰說過，在大運河上看建築，就彷彿閱讀一本偉大的建築史，雖然沒有將大運河的全部建築一覽無遺，但總算也看了幾座重要建築，包括安康聖母教堂、造船廠，博學的 Karl Wang 還驚奇發現，據說那是莎士比亞劇作《奧瑟羅》女主角戴斯德莫娜的住所──孔塔里尼‧法桑宮（Palazzo Contarnin Fasan），不過建築實在太多，就算事前讀過幾座重要顯赫建築的背景，依然只能記錄下若干。雖然沒將大運河上那幾座常見的黃金宮、土耳其商館一一拍攝，但我們發現的另類建築，依舊令人目不暇給，那些磚紅、鮭魚紅、粉橙、芥末黃、土耳其藍、象牙白……更是讓我

1 大運河上的風光　2 優雅迷人的水岸餐廳　3 大運河口上的安康聖母教堂　4 充滿繽紛童趣的水上遊艇
5 格諾維些宮（Ca' Genoves）

1 費洛・菲尼宮（Ferro-Fini）
2 圖左為「提也波羅宮」（現為「威斯汀歐洲與女王酒店」，L'hotel The Westin Regina e Europa），中為「特萊維斯・德・彭菲力宮」
3 圖右為孔塔里尼・法桑宮　　4 穿梭小水巷的貢多拉

心中燃起一簇簇熱情的火花呢！無視於 Karl Wang 搶走微單眼相機拍照，我也用手機不由自主地拍了幾張。

　　後來就像個小孩般，有時經過一艘遊艇，或是大郵輪，都會讓我雀躍不已，我們還向大郵輪上面的遊客招手呢！

貢多拉欣賞旖旎風光

　　來威尼斯有幾個必去行程，除了遊聖馬可廣場，乘貢多拉也是其中之一。貢多拉是威尼斯最具傳統性且主要的交通工具，是長約 12 公尺、寬約 1.7 公尺的黑色平底船，由 280 塊木板組成，兩頭翹得高高，有點類似月牙形狀，船頭以六尺梳裝飾，象徵威尼斯總督的帽子，以及威尼斯市中心的 6 個行政區。據說 11 世紀時貢多拉的數量曾多達 1 萬多艘，而如今只剩幾百艘。

義見鍾情

義大利北部之旅

1 靠我們很近的貢多拉　　2 正划過安康聖母教堂的貢多拉　　3 欣賞裝飾華美的貢多拉　　4 玻璃工廠遠景

乘上貢多拉，剛開始會有點恐懼，畢竟不像水上巴士那麼穩，不過坐久了，倒覺得有重返搖籃之樂，並且離水更近，還能在小小的水巷恣意穿梭，更能親近威尼斯的建築。看著那些在水邊的建築有點斑駁、有點滄桑，不禁想起曾經到過蘇杭水鄉所感受的那種古樸悠然情懷。

一同搭船的臺灣遊客說：「船夫好帥啊！」我才注意到船夫穿著黑白條紋的水手裝，一副酷酷的樣子，但怎麼沒為我們高歌一曲呢？

璀璨玻璃島──姆納諾島參觀水晶玻璃工廠

我們坐水上巴士到姆納諾島，這是潟湖群島中最大的一座，位在威尼斯以北約1.6 公里之處。1291 年時，威尼斯共和國的市區建築多為木造，為了避免玻璃廠的熔爐會引發祝融，政府就下令將所有的玻璃廠都遷往姆納諾島，從此這座島的玻璃製造技術便遠近馳名。

所費不貲的水晶玻璃藝術品

據說，姆納諾島有上百家玻璃廠，來到這裡，彷彿進入一個彩色玻璃的世界，如夢似幻般繽紛璀璨。我們當然也不免俗地進入了這家名叫 FORNACE CAM 的水晶玻璃藝術品店參觀。

這裡的玻璃藝術品全都是手工製作，一進去，我馬上被那斑斕奪目、晶瑩剔透的彩色玻璃飾品吸引，除了一些閃耀亮麗色澤的杯子、花瓶，也有掛在天花板上的吊燈，無論是單一色澤，還是多種顏色混搭而成，都讓人迷惑，甚至令人有置身童話宮殿的錯覺呢！

愛情紀念品——水晶玻璃項鍊

最吸引我的是玻璃杯，還有吊燈，不過價格實在太貴，讓人下不了手，其他一些海陸動物的造型與各種形狀的裝飾品，也都精雕細琢，手工相當精湛。但很可惜，這些都禁止拍照。

這裡的老闆很幽默，我們用義大利語向他打招呼，他卻出乎意料用幾句中文及臺語跟我們聊天，逗得在場的觀光客哈哈大笑！最後，他拿出幾條項鍊向我們促銷，我看上了一條半月形的項鍊。我和 Karl Wang 這趟來義大利，雖是打著蜜月旅行的名義，但事實上，我們結婚登記至今已超過半年，這條項鍊就當是他送我的愛情紀念品吧！

令人嘆為觀止的玻璃馬製作過程

幾年前，我曾在新竹看過師傅吹玻璃，當時，一同出遊的友人和我看了都紛紛稱讚叫好，而這次來到姆納諾島，覺得這個師傅真是神乎奇技。

我們剛進入煉製玻璃的工作坊，就感覺溫度比戶外明顯提升很多，觀看師傅冶煉玻璃的過程時，雖然隔著一段距離，但背上都沁出汗來。只見師傅先把玻璃放入上千度的熔爐中，接著趁熱塑形，不到幾分鐘就做好一匹馬了。

所謂「十年磨一劍」，我們在一旁看師傅輕輕鬆鬆完成一件精美的玻璃藝術品，可是卻不知道背後他經過幾十年的訓練，並且要忍受在酷熱的環境中工作，心底的佩服、驚嘆不禁油然而生。

不過，在姆納諾島，除了水晶玻璃，好像也沒發現其他特殊的景點與事物，於是就啟程前往下一站。

1 將玻璃放進熔爐中　2 趁熱塑形　3 璀璨的彩色玻璃馬完成了　4 近拍玻璃藝品店

潟湖群島區建議路線

姆納諾島（Murano）屬於潟湖群島區。若時間充裕，建議可再遊麗都島（Lido），
這座島有小說《魂斷威尼斯》主角下榻的飯店。或是滿街都是蕾絲藝品店的布拉諾島
（Burano），也是不錯的選擇。

TIPS

品味優雅與摩登之都——米蘭

　　米蘭是義大利第二大城市，位在義大利北部，工商業發展非常蓬勃。米蘭是倫巴底大區的首府，也是公認的時尚設計之都，更是世界重要的金融和商業中心之一。米蘭在歷史、文化傳承上或許沒有羅馬和佛羅倫斯來得深厚，但總是走在時尚尖端，也是個超級購物天堂，醞釀了其獨特的觀光魅力。

　　今日的米蘭，除了富裕、時髦，在文化遺產的保存，如藝術、傳統歌劇、觀光層面的表現，更是不遑多讓。這個時尚之都儘管如此摩登，但仍舊保有一些傳統古典的優雅氣質。

布雷拉美術館

史卡拉歌劇院

感恩聖母大教堂

艾曼紐二世拱廊

米蘭大教堂

F.R.AH

執時尚設計的牛耳，閃耀著摩登與藝術光芒的都會

　　約十多歲的學生時代，在超商買到一種零食叫做蜜蘭諾鬆塔，外皮包覆乳白色的巧克力，而內層則為起酥餅加杏仁，吃起來有種濃郁不膩又蓬鬆酥脆的口感，讓人禁不住吃上癮。後來，我仔細看包裝，蜜蘭諾的英文名稱是 Milano，隨即想出「吃一口米蘭」這樣的句子，嗯！米蘭吃起來的確很可口。

　　長大後，總是在報章雜誌看到，米蘭是世界四大時尚之都之一、是歐洲人口最密集與工業最發達的地區、是購物天堂……任何商店或品牌只要掛上米蘭，似乎都提高了附加價值，坊間有米蘭婚紗、米蘭診所、米蘭旅遊、米蘭髮型設計等店家，「米蘭」兩字聽起來既時尚又高雅。

　　老實說，我對米蘭的喜愛程度不如羅馬、威尼斯和佛羅倫斯，但對米蘭還是有一種不虛此行的愉悅感。而基於經濟和性格的因素，我的旅遊行程通常不以購物為主要目的。對那些來米蘭只是為了購物血拼的遊客，我雖偶爾會露出羨慕的眼光，但其實卻替他們覺得可惜，無可否認米蘭的確是購物血拼天堂，然而若光是如此定義米蘭則顯得太狹隘。米蘭兼具摩登與傳統，乍看是一個光鮮亮麗的貴婦，卻也能卸去珠光寶氣的庸俗，而保有獨特的藝術氣質。

　　走在街上，任何一個櫥窗的商品和衣服都是那麼賞心悅目，米蘭不愧為世界時裝界矚目的重鎮，連街上行人的打扮穿著都是那麼有品味。米蘭能將傳統的工藝，結合創新流行的設計，發揚光大表現在服裝、皮件、珠寶、家具上，因此能孕育出如 Prada、Gucci、Giorgio Armani、Versace、Valentino 等品牌。這裡每年也舉辦很多重要的國際展覽，像是每年 2 ～ 3 月及 9 ～ 10 月的精品時裝秀，以及 4 月的國際家具展。

　　米蘭除了在服裝與設計方面獨占鰲頭，歌劇也是米蘭引以為傲的項目。米蘭的史卡拉歌劇院被認為是世界上最負盛名的戲院之一，歷史上許多歌劇都在此舉辦首演，像是作曲家普契尼著名的歌劇《杜蘭朵》，就在史卡拉歌劇院首次公演。米蘭也孕育了許多著名的作曲家，像是威爾第。此外，米蘭擁有豐富的古蹟和遺產，其中米蘭大教堂是全市的主教堂，算是文藝復興時期的代表建築，可說是米蘭的精神象徵和重要標誌。

　　米蘭還有一個知名的聖瑪莉亞感恩教堂（Cenacolo e Santa Maria delle Grazie），珍藏著達文西的重要作品《最後的晚餐》，在 1980 年被列為世界遺產。其他像是斯福爾紮城堡（Castello Sforzesco），以及布雷拉畫廊（Pinacoteca di Brera），都是米蘭重要的景點，可以透露出這裡的深厚文化與藝術底蘊。

1 米蘭馬賓沙機場的餐廳　　2 米蘭的市政廳——馬利諾宮（Palazzo Marino）
3 經過米蘭某街上的銀行　　4 米蘭大教堂附近的名牌店

· 如果要搭飛機到米蘭，可以搭國際航線到馬賓沙機場（Malpensa Airport），每 15 分鐘就有免費
  的接駁巴士往來，十分方便。如果是搭國內班機，可到利納提機場（Linate Airport），距離市
  區也很近。
· 如果要在米蘭搭火車，主要有米蘭中央火車站（Milano Centrale），由義大利國鐵 Trenitalia 營運，
  此火車站無論轉乘地鐵或巴士都十分方便。
· 米蘭無論是乘地鐵、電車或巴士都共用一張票券，除了地鐵限乘一次，其他都可在有效時間 90
  分鐘內轉乘，須注意的是米蘭有 4 條地鐵，分為 M1 紅色、M2 綠色、M3 黃色、
  S 藍色，以 M1 及 M3 最常被遊客使用。

優雅的大刺蝟——米蘭大教堂

　　看過許多部落客在介紹米蘭大教堂時，都會引用馬克·吐溫（Mark Twain）的
話來稱讚米蘭大教堂：「以大理石寫成的詩。」這並非過譽之詞，只不過英國小說
家 D.H. 勞倫斯（D.H. Lawrence）戲稱這裡是長得像刺蝟的教堂，我也認為這是更貼

氣勢萬鈞的米蘭大教堂

切的比喻，但相對於 D.H. 勞倫斯的嘲謔口氣，我倒要客觀補充，米蘭大教堂是「優雅的大刺蝟」。

　　米蘭主教座堂（Duomo di Milano），就矗立在主教座堂廣場（Piazza del Duomo）的中心。這座龐大的哥德式教堂，建於 1386 年，直到 1897 年才興建完成。米蘭大教堂外觀，有 138 座尖塔，每座尖塔上都立著一尊雕像，最中央還立著鍍銅的聖母像。遠遠看去，直衝雲霄的米蘭大教堂就像一隻大刺蝟，卻又顯得那麼高貴典雅。

　　米蘭大教堂總面積約 11,700 平方公尺，可容納 35,000 人之多，是世界上最大的哥德式教堂。其建造工程歷經五個世紀，集結德國、法國、義大利等國的建築師先後參與，融合了哥德式、巴洛克式、文藝復興及新古典等建築風格，使得米蘭大教堂宛如一首凝固的交響樂，氣勢磅礴又精雕細琢。

　　米蘭大教堂最讓我驚豔的是，整座教堂共有 6,000 多座大理石雕像，光建築的外

細看教堂局部，每個雕像姿態各異又精雕細琢　　大教堂絢麗的花窗令人難以忘懷

部就有 3,000 多座，每座雕工精湛又姿態各異，令人讚嘆於義大利人對建築的認真與堅持。

　　不過，據說米蘭大教堂的內部枯燥無味，可看性不高。雖然我還是想進去參觀，無奈當天遊客實在太多得排隊很久，再加上捨不得放棄下一個行程，只好跟米蘭大教堂說 Bye 了，不，這時應該是用義大利文道聲 Ciao（再見）更貼切，但相信不久的將來我會再來拜訪米蘭大教堂。

米蘭大廳──艾曼紐二世拱廊

　　來到米蘭大教堂，當然就不能錯過緊鄰大教堂右側的艾曼紐二世拱廊（Galleria Vittorio Emanuele II）。這座金碧輝煌、氣派十足的拱廊，是米蘭最經典、最美的購物商場。由兩條街道交會成一個十字型拱廊街，其頂部以金屬格和玻璃拱頂覆蓋，陽光可直接灑入內部，顯得明亮而寬敞。

　　艾曼紐二世拱廊是由建築師蒙哥尼（Giuseppe Mengoni）於 1865 年設計，但蒙

1 遠觀艾曼紐二世拱廊　　2 仰觀艾曼紐二世拱廊　　3 半月楣的馬賽克壁畫——亞洲
4 半月楣的馬賽克壁畫——非洲

哥尼卻在義大利國王艾曼紐二世即將舉行落成典禮的前幾天,從屋頂意外摔落而死。

　　這座拱廊被譽為「米蘭大廳」,是由許多名牌商店、餐廳、咖啡廳、書店、速食店所組成,遊客總是蜂擁而至。這裡有超級名牌 LV、Prada、Gucci,我看到幾個臺灣遊客像失心瘋般進去搶購名牌,口袋想必夠深吧!而我,面對那些名牌,通常都是抱持著「只可遠觀不可褻玩焉」的心態。

外型樸實的史卡拉歌劇院

　　艾曼紐二世拱廊的正中央有個八角形圓頂，以馬賽克鑲嵌拼貼的半月楣裝飾，分別象徵歐洲、美洲、非洲、亞洲的壁畫，有「米蘭的畫室」之美譽。

歌劇之麥加──史卡拉歌劇院

　　來到米蘭，當然不能錯過看看世界著名的歌劇院之一，史卡拉歌劇院（Teatro alla Scala 或 La Scala）。史卡拉歌劇院外型讓人有些失望，過於樸實無華，但據說裡面豪華氣派。史卡拉歌劇院前的史卡拉廣場矗立著一座達文西雕像（達文西有兩次定居米蘭的紀錄），側臉沉思的面容栩栩如生，彷彿正在構思他的創作內容呢！

　　史卡拉歌劇院是 350 部歌劇的首演場地，其中更有多部著名歌劇，像是威爾第的歌劇《奧貝托》、《納布果》、《奧瑟羅》與《法斯塔夫》就在史卡拉歌劇院首演。普契尼的《蝴蝶夫人》與《杜蘭朵》也在此首演。

史卡拉歌劇院是以米蘭統治者威斯康提（Bernabo Viscoti）夫人的名字史卡拉命名，最初是蓋成教堂，後來改成劇院，於1778年正式啟用。卻在第二次世界大戰時，也就是1943年遭空襲破壞，現在的建築是1946年時所再度整修裝飾。雖然史卡歌劇院其貌不揚，但它可是全義大利音響設備最好的歌劇院，也是義大利最大的歌劇院。觀眾席呈馬蹄形，一共可容納2,800名觀眾，這裡一年四季都上演第一流的歌劇、芭蕾舞、音樂會等。史卡拉歌劇院是全球音樂家、歌唱家夢想登上的舞臺，並認為可以在此演出是畢生的榮耀，被西方許多音樂家和歌舞演員視為歌劇聖地，有「歌劇之麥加」的稱號。

據說，著名的法國作家斯湯達爾及英國作家拜倫只要來到米蘭，就常常駐足於史卡拉歌劇院，可說是這裡的忠實粉絲呢！

史卡拉廣場前的達文西雕像

夜晚的史卡拉歌劇院

米蘭大教堂周邊建議路線

逛完米蘭大教堂和史卡拉歌劇院，若有充裕的時間，可以到感恩聖母教堂（Santa Maria delle Grazie），欣賞達文西的曠世巨作《最後的晚餐》。前往感恩聖母教堂，建議可在米蘭人教堂的Duomo站，搭地鐵M1紅線到Conciliazione站。參觀名額假日經常額滿，建議最好事先預約。

TIPS

3 主題行程

托斯卡尼與山城慢遊

法蘭西絲·梅耶絲（Frances Mayes）的《托斯卡尼豔陽下》及《美麗托斯卡尼》出版之後，托斯卡尼就成了著名的旅遊勝地。托斯卡尼除了佛羅倫斯是必去的景點，西恩那（Siena）和附近那些饒富風情的山城也令人難以忘懷。

時光停格在中世紀古城──西恩那

西恩那位在佛羅倫斯南邊 34 公里，正好位在托斯卡尼區的正中央，是西恩那省的首府，也是托斯卡尼最著名的文化遺產觀光古城，被譽為中世紀最完美的城鎮。

曾經是托斯卡尼最富強的城邦

西恩那在 12 ~ 13 世紀時，曾經是托斯卡尼最富強的城邦，世界第一家銀行便誕生於此，並且與佛羅倫斯敵對好幾世紀，當時佛羅倫斯站在教皇那一方，而西恩那則支持皇帝。可惜，西恩那因為 1348 年的黑死病，而喪失了三分之一的人口，從此元氣大傷，被併入佛羅倫斯共和國的版圖。於是西恩那一蹶不振了幾百年，也因此能維持著中世紀的傳統，讓我們駐足於這裡，從古城過往的榮光裡，瀏覽西恩那美麗的傷痕吧！

雷穆斯及母狼，傳說雷穆斯的兒子是西恩那創建者

在前面介紹羅馬時，曾提到一個傳說，羅馬城是由母狼撫育長大的兄弟羅慕路

1 令人難忘的西恩那市政廳　　2 西恩那的守護聖人聖‧凱特琳娜雕像　　3 西恩那人最自豪的康波廣場

斯與雷穆斯所建立。後來羅慕路斯殺了雷穆斯，所以西恩那人還相信一個傳說，那就是西恩那是由雷穆斯的兒子西恩那（Siena）所建立。

美麗的康波廣場和市政廳

　　在西恩那停留的第一站，通常是西恩那人最自豪、最自傲的康波廣場（Piazza del Campo），campo 即田野之意。從高處向下鳥瞰，廣場形如扇貝，上面鋪滿了美麗的紅磚，有義大利最美的廣場之稱。

　　位在康波廣場上還有個市政廳，乍看之下，有點像是佛羅倫斯的市政廳，不過仔細研究，發現西恩那的市政廳更美，那是一座哥德式風格的中世紀建築，建於 13 世紀。據說爬上高塔，就可以看到九個區塊排出來的扇形廣場，不過因為當天進入高塔有名額限制，所以我們只能期待下次再探訪了。

1 聖吉米納諾中世紀城塔　　2 大排長龍的世界冠軍冰淇淋店　　3 城南著名的聖喬凡尼門

美塔之城──聖吉米納諾

　　探訪西恩那之餘，也不要忘記，在西恩那的北邊還有一個美塔之城──聖吉米納諾（San Gimignano），這座城位於 334 公尺的山丘上，是充滿古樸風貌的山城。中世紀時，聖吉米納諾是經營紡織的重鎮，更是朝聖者和商旅者前往羅馬必經之鎮。當時教皇黨和保皇黨競爭激烈，為了軍事理由與展現權力和財富，貴族們紛紛蓋起高塔，當年建築高塔很流行往高處發展，頗似紐約曼哈頓的摩天大樓，因此又有中世紀曼哈頓之稱，極盛時期曾經到達 72 座塔樓，如今只剩 13 座，和西恩那相同都是因為黑死病的肆虐而沒落。也和西恩那一樣都保有中世紀古城的風貌，依舊享有「美塔之城」之美譽。

會說故事的山城

　　有了歲月痕跡的聖吉米納諾，別具一種古老的況味，頗像是會說故事的山城。

來聖吉米納諾前，聽過一個傳說：「女孩們如果能夠找回從聖吉米納諾的塔尖上丟下的硬幣，她就能找到幸福。」我倒聯想起小時候看過的一個童話故事，叫做《長髮公主》，長髮公主被巫婆關在塔樓裡，而王子也學巫婆讓長髮公主垂下頭髮登上塔樓看她。

悠遊聖吉米納諾和世界冠軍冰淇淋

來聖吉米納諾的遊客，大部分都會從城南的聖喬凡尼門（Porta San Giovanni），並沿著聖喬凡尼街（Via San Giovanni）這條主街向前走，有櫛比鱗次的酒店、咖啡館、餐廳、旅館⋯⋯還有販賣紀念品的小店，讓遊客可以精挑細選。再往前走，就會看到水井廣場（Piazza Della Cisterna），廣場上有兩間號稱世界冠軍的冰淇淋店。

我們選了 Gelateria Dondoli 這家，相當值得推薦。在臺灣可能一年吃不到兩次冰淇淋的我，發現義大利的冰淇淋幾乎都是頂級的，每一家口味都頗具特色，讓我的味蕾無法分辨哪家才是冠軍了呢！

紅遍全球的《暮光之城》── 蒙特普齊亞諾

坦白說，我已經過了愛看吸血鬼電影的年紀，用俊男美女來包裝的手法更是覺得不夠創新。但電影《暮光之城》實在太紅了，我想研究它竄紅的原因，就來到《暮光之城：新月》的拍攝地蒙特普齊亞諾（Montepulciano），想了解這裡究竟有什麼樣的魅力。

充滿戲劇性的中世紀古城

蒙特普齊亞諾位在西恩那東南方 70 公里，因為電影《暮光之城》而吸引許多觀光客前來，這裡的貴族葡萄酒也很有名，值得品嘗。

之前看了饒富韻味的中世紀古城西恩那，以及美塔之城聖吉米納諾，感覺蒙特普齊亞諾就是少了點勾起我醉心的風情，關於電影的內容與場景也印象不深。不過，無法否認，這個充滿戲劇性的中世紀古城，即使親臨此處，卻有一種虛幻感。在這裡會有一種錯覺，彷彿化身電影中的某個角色，跟著其他人上演著一齣齣平凡又真實的戲碼。

我們來到蒙特普齊亞諾的市政廳前，看見一群人正在拍攝新戲，旁邊圍觀了不少遊客，不知是哪齣戲呢？

蒙特普齊亞諾的市政廳　　　　　　　　　蒙特普齊亞諾劇院

有如空中城堡的白露里治奧

　　久聞有天空之城稱號的白露里治奧（Civita Di Bagnoregio）大名，所以來義大利當然不能錯過這個山城，它也是我最難忘的山城。日本動漫大師宮崎駿來過白露里治奧後，就發想了動畫電影《天空之城》。

　　白露里治奧是建立於 2,500 年前的山城，整座古城矗立在一座大山的頂端，只靠一條狹長的石橋通往白露里治奧，看起來就像一座空中城堡，遺世獨立，令人充滿了浪漫遐想。

漫遊空中之城，別有天地非人間

　　剛到白露里治奧時，整座山城籠罩在雲霧飄渺間，美得很不真切。直到我們爬上山城漫遊了幾小時，下山後，才發現晴朗中的天空之城，別有一番風味。

　　走上山城，忽然想起李白的詩句：「別有天地非人間。」若是李白能跨越時空來到天空之城，不知又會寫出什麼好詩來呢？

　　山城上沒有現代化的商店，但處處驚喜！無論是典雅又吸睛的粉橘色教堂；還是鐫刻著歲月痕跡的古老房子，圍繞著綠意盎然的植物；或是在山城裡偷得浮生半日閒的小貓咪……都令人感到悸動，置身此處可以卸下城市紛擾的思緒，拋開世俗的煩憂，靜靜在山城待一下午。

　　中午，我們到山城附近一家景觀餐廳用餐，老闆的妹妹還在甜點旁用中文字寫下天空之城。雖然，字寫得不算很漂亮，但我們被她的誠意感動，他們的菜色也很Buono（可口），口味簡單天然，也感受得到做菜時的用心。

1 看起來就像通往天空的城堡　　2 山城裡生生不息的綠意　　3 老屋披著一身綠

托斯卡尼四個山城建議路線

由於山城交通較不便，要一次遊玩上述四個山城，光交通與等車就頗費時，除非能在義大利自行駕車，否則建議分段進行。例如，可以遊完羅馬再乘坐火車到 Orvieto，再從 Orvieto 轉乘大巴到 Civita，可達白露里治奧（班次不多，要算好時間）；或是遊完佛羅倫斯再坐火車到西恩那（班次頻繁）。

至於要到聖吉米納諾，可以從佛羅倫斯坐往西恩那的火車，到 Poggibonsi 下車，然後在火車站換巴士往聖吉米納諾，可在站前查看乘坐巴士及時刻表。如果要到蒙特普奇亞諾，則可從西恩那坐巴士抵達，每天約有四個班次。運用上述方式，就可以往返於佛羅倫斯、西恩那、聖吉米納諾、蒙特普奇亞諾多個景點。

TIPS

參訪引擎之都摩德納——法拉利博物館與酒醋工廠

　　有「引擎之都」稱號的摩德納（Modena），許多人一聽就會將它與知名跑車聯想在一起，因為它正是知名跑車的生產地，如法拉利（Ferrari）、瑪莎拉蒂（Maserati）、藍寶堅尼（Lamborghini）的工廠都設置於此。但摩德納其實也是一座歷史悠久的文化古城呢！參觀了義大利這麼多文化遺產，總要換換口味，那就來看看摩德納現代化的跑車法拉利吧！

遠近馳名的法拉利博物館

　　我的少女時代，雖然也曾幻想遇上多金帥氣的男子成為我的男友，不過正因為年輕時有幾次機會遇到多金又有能力開跑車的男生，卻在相處後覺得他們不是言語乏味、膚淺得很，就是花言巧語、流裡流氣，所以此後我對開跑車的男性就沒那麼大的憧憬了。更何況，現在已過了少女懷春時期。

　　當然，Karl Wang 也不是那種迷戀跑車的男性，對車的興致甚至還比我低呢！不過，幾年前看了法拉利汽車的創始人恩佐‧法拉利（Enzo Anselmo "the Commendatore" Ferrari）的故事，得知他為了疼愛兒子放棄當賽車手而深受感動，他難以走出喪子之痛的心情也頗令人同情，才發現喜歡跑車也不全是庸俗之輩。所以，促使我想參觀法拉利博物館（Museo Ferrari in Maranello），見識一下這遠近馳名的世界級跑車博物館。

法拉利博物館的門票

1 法拉利博物館飛奔野馬標誌很吸睛　　2 牆上的樣品好像玩具車　　3 1948 年出產，外型像大炮
4 1968 年出產，有如壓扁的金龜子　　5 出產年沒拍到，但偏愛這輛的顏色與外型

參觀法拉利博物館也是想要帥一下

　　雖然我覺得法拉利博物館的門票有點貴，全票 13 歐元，不過，我想一生至少也要來見識一次，何況以前沒坐過法拉利的車子，再說全館都可以拍照，帥氣地與法拉利合照一下也挺過癮吧！法拉利博物館 1990 年才開放，據說，每年會吸引 20 萬

1 1963年銀灰色的車款看來很穩重　2 2012年的車款看來很拉風
3 2013年的車款很炫，但不是我喜愛的風格　4 外觀純樸的巴薩米克醋工廠

個喜愛法拉利的粉絲前來觀賞。

　　來到法拉利博物館之前，確實從沒注意過法拉利的商標，這時才注意到原來是一隻奔騰的馬啊！看起來是匹脫韁的野馬，很能代表法拉利的快速感。法拉利跑車大部分都是紅色的，這種鮮紅色令人覺得醒目突出，可說是跑車界的耀眼之星。

　　我們一進法拉利博物館不久，就有三個老外要我幫忙拍合照，三個人站在法拉利車前表現出彷彿中樂透的神情。我看著每輛跑車都寫著其所代表的時代意義，不過鮮紅色的各種法拉利跑車看多了，就像一下子吃進過多的肉類，口味有點膩，反而偏愛寶藍和銀灰色的款式呢！但是這兩款卻很難與一般印象中法拉利的奔馳快速野馬聯想在一起。

參觀酒醋工廠並體驗當地著名的巴薩米克醋

　　很多人都知道歌劇男高音帕華洛帝的故鄉是摩德納，但這裡其實也出產著名的

1 正要進入巴薩米克醋工廠的女主人　　2 烹煮葡萄汁的鐵桶，煮好後用來釀醋　　3 釀醋的木桶

巴薩米克醋，而且據說帕華洛帝平常都喝巴薩米克醋來保養喉嚨。提到義大利的葡萄酒幾乎無人不知，但摩德納知名的酒醋製造技術相信就比較少人聽聞囉！一直到現代，很多義大利家庭，都會在兒女出生時釀造一批新的葡萄酒醋。等到兒女長大成人結婚了，那酒醋就成為婚禮的「女兒紅」或「狀元紅」了。

粗心工人的美麗錯誤成就了巴薩米克醋

　　巴薩米克醋是義大利北部的著名調味料，其由來是因為一位釀酒工人將葡萄酒放在木桶中卻遺忘許久，等到拿出來喝時已發酸，後來他發現拿來用作調味品似乎更有一番風味，因為這美麗的錯誤，成就了這款經典的調味品。但是流傳至今，真正品質較好的傳統巴薩米克醋演變為用葡萄汁製造，而非葡萄酒，因為若用葡萄酒直接做醋會少了醋化的過程，品質差很多。近幾年，巴薩米克醋身價水漲船高，更有許多工業醋假冒傳統的巴薩米克醋。

　　目前，市面上的巴薩米克醋有兩種，一種是 Aceto Balsamico tradizionale，另一

1 架上陳列著販賣的巴薩米克醋　2 餐桌上的巴薩米克醋　3 通心麵拌醋絕妙好滋味

種是 Aceto Balsamico，tradizionale 意指傳統，balsamico 指有療效的藥品，aceto 則是指醋。如果要選擇以前者品質較佳，因為巴薩米克醋可貴之處就在傳統釀造，而且傳統的巴薩米克醋費時又費工，風味較佳，價格當然也就昂貴許多。

參觀 Acetaia Paltrinieri 酒醋工廠

　　我和 Karl Wang 前往摩德納著名的 Acetaia Paltrinieri 酒醋工廠，剛進去這家酒醋工廠時覺得不起眼，房子和設備看起來都很陳舊。

　　不過，我們聽解說人員詳細介紹巴薩米克醋的製作過程後，才發現傳統品質較佳的巴薩米克醋，光換桶的年限就達 12 年！在義大利有個品醋的工會，等評審委員嘗過，合格後才能裝瓶上市，而且限定只有上圓下方的瓶子規格才是傳統的巴薩米克醋。有些巴薩米克醋超過 12 年後，拿給品醋工會評鑑不合格，甚至還要重新養醋。所以真正傳統的巴薩米克醋，是越陳越香，放越多年價格也越高，就算放 50 年也不會壞掉呢！

聽著酒醋工廠的女主人細心講解，真正傳統的巴薩米克醋，是不添加任何的糖及其他調味料的。而且葡萄堅持以人工採摘，因為用機器採收會破壞葡萄汁的品質，煮好的葡萄汁裝桶後還要花半年的時間沉澱，然後再換桶養醋。每種木桶的材質也很重要，如橡木桶、栗子樹木桶，釀造出來的風味都不一樣。

冰淇淋加醋新鮮爽口

參觀完畢，女主人還請我們試喝，從 1 年期試喝到 12 年期。我們自覺沒那麼講究，買了 3 瓶 4 年期，每瓶 10 歐元；以及 2 瓶 8 年期，每瓶 13 歐元。我覺得無論是哪一個年限的酒醋，喝起來風味都滿順口的。後來就在附近的餐廳吃通心麵加巴薩米克醋，風味極佳，還吃了加巴薩米克醋的冰淇淋，真是酸甜濃郁交織的好滋味呢！

價格不菲的巴薩米克醋滴滴都珍貴

在摩德納，每一家醋莊的製作流程都不外傳，這可說是他們的祖傳祕方。真正的傳統巴薩米克醋，以 12 年和 25 年為居多，通常價格不菲，12 年的都要 30 歐元以上，25 年的則將近 80 歐元左右。有些醋莊都還有鎮店之寶——50 年以上的醋喔！

這家醋莊的巴薩米克醋用甜度比較高的白葡萄，以及甜度比較低的紅葡萄混合煮成葡萄汁，但是它們要分開榨汁，榨汁完就要趕快煮葡萄汁，以免醋化太快變成酒精。無論是白葡萄或紅葡萄，煮成的汁都一樣是深咖啡色，因為裡面含糖，煮久會焦糖化，看起來顏色就會一樣，在煮的過程還會流失 60 ～ 70% 的葡萄汁，過程相當繁瑣，煮到最後濃縮成一小瓶的 100 c.c. 葡萄汁。如此得來不易，所以真正的巴薩米克醋價位都不會太低。

如果對 Acetaia Paltrinieri 酒醋工廠有興趣，可以上網搜尋。
網址：www.acetaiapaltrinieri.it
E-mail：info@acetaiapaltrinieri.it

帕爾馬的「另類」體驗——音樂與美食之都

被帕爾馬（Parma）這個音樂與美食之都的輝煌頭銜吸引，想著一定要來趟帕爾馬之旅。之前，就有旅遊書和部落客介紹過，帕爾馬的哈密瓜火腿是頂極美食。再者帕爾馬也有「音樂之都」的美譽，因為歌劇史上重量級的音樂家威爾第，以及 19、20 世紀的大指揮家托斯卡尼尼（Arturo Toscanini）都誕生於此。

帕爾馬的光芒——主座教堂的周邊

到義大利，我最喜歡欣賞建築，回到臺灣後一度不能適應，發現我們引以為傲的古蹟，其建築的可看性竟然望塵莫及。而從不曾信教的我，更是非常喜歡並欣賞義大利的教堂。

剛到帕爾馬時，我們經過加里波第廣場（Piazza Garibaldi）的北側，看到了一座氣派非凡的橙黃色建築，仔細查閱資料，才知道原來是帕爾馬的總督府，外觀看來簡單高雅，又不失莊重。

帕爾馬的總督府

主座教堂及福音者聖約翰教堂周邊

帕爾馬的主座教堂有「帕爾馬寶石」的美譽，是典型的倫巴底、古羅馬風格，堪稱羅馬式的建築傑作。乍看之下，帕爾馬的主座教堂相較於聖母百花大教堂及米

1 光影斑駁的主座教堂顯得古色古香　2 換個角度看帕爾馬教堂　3 洗禮堂旁的大門　4 福音者聖約翰教堂

蘭大教堂的氣勢顯得弱了許多。但是，我們剛好在逆光的午後面對大教堂，主座教堂在斑駁的光影下，更顯出味道。與教堂相比，我更喜歡旁邊的鐘塔，造型古樸，又帶點童話風，相當討喜，相鄰的洗禮堂則結合了羅馬及哥德式風格。

　　往主座教堂的後面走，還藏著一座稍小的教堂，稱為福音者聖約翰教堂，附屬於一座修道院。福音者聖約翰教堂屬於文藝復興風格的建築，與帕爾馬主座教堂的

主座教堂旁的洗禮堂　　　　　　　　　　成群的小娃展現小大人模樣

莊嚴相比，顯得清新、有親切感，可能是因為廣場上有一些歐美的金髮小萌娃吧！有的在廣場上吃冰淇淋，還有的在廣場上騎腳踏車，連我也感染了歡樂的氣氛。真想把福音者聖約翰教堂改名為施洗小娃教堂呢！

美食的另類體驗──從哈密瓜火腿變身乳酪火腿

　　來帕爾馬體驗美食，是因為知道此處以火腿和乳酪聞名全世界。還有，想來體驗我期待已久的哈密瓜火腿。這幾年，因為開始注重養生保健，覺得火腿多吃無益，已經很少吃火腿。但看在帕爾馬火腿名揚四海的份上，加上我特愛哈密瓜，再者那些美食家及部落客一再抬舉哈密瓜火腿的身價，想著，爽甜的哈密瓜配上薄如蟬翼的火腿片，應該是人間極品吧！

鹹到發昏的乳酪火腿

　　這家餐廳是去過義大利的某位朋友強力推薦，她跟我一樣屬於好吃又挑剔的饕客，經她吹捧的哈密瓜火腿，怎能不讓人心動？

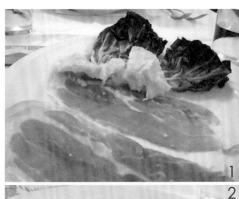

1 乳酪火腿還是用眼睛「品嘗」較可口　2 配菜是黑胡椒肉片加馬鈴薯，口味中等
3 餐桌上也有一瓶巴薩米克醋，可用來沾麵包

　　不過，我們來得不巧。餐廳侍者表示，因為季節的關係，目前沒有哈密瓜，建議吃乳酪火腿。既然乳酪也是帕爾馬名產，當然要試試了。

　　剛端上來的乳酪火腿，看來秀色可餐，玫瑰紅的火腿片搭配濃郁的乳酪，再加上幾片紫色高麗菜，當咬下乳酪和火腿的瞬間，我愣住了！怎麼跟我所期待的天差地別，Oh My God！鹹到不由自主地皺了眉頭。為了緩和鹹味，只好猛喝水、配麵包，其實火腿的口感不錯，只是鹽分太高，為了不糟蹋糧食，勉強吃了半塊乳酪，但感覺一餐就把三天的鹽量都吃光了，血壓一定也飆高，走出餐廳竟然頭昏。

　　到義大利旅遊的第七天才抵達帕爾馬，這二十幾餐吃下來，竟是號稱美食之都的帕爾馬最讓我失望，令人疑惑的是，真有很多義大利人這樣吃乳酪火腿嗎？本想在帕爾馬多停留半天去拜訪指揮家托斯卡尼尼的住所，不過，想到來義大利多天，無論是餐廳或美食，我都沒有「嫌」棄過一次。但因為乳酪火腿太鹹這個理由，我們決定前往下一站。

愛的甜蜜之旅——
維洛納和加爾達湖

這趟義大利之旅，是我們夫妻結婚不到
一年的首度過期「蜜月」。在這之前，Karl Wang
曾因為興趣及博士班的學分去學一年義大利語，而我也跟
著他惡補了一些基本單字。不過，La Dolce Vita 卻是我從費
里尼的電影所學來，因為《甜蜜的生活》（La Dolce Vita）讓
我印象深刻，腦海裡就忽然浮現愛的甜蜜之旅這個字眼。

戀人都想來的愛之都——維洛納

因為要前往著名的「愛之都」，也就是莎士比亞名作《羅密歐與
茱麗葉》的故事發生地——維洛納（Verona），我又重溫了《羅密歐與茱麗
葉》感人的愛情故事。雖然讀者都知道《羅密歐與茱麗葉》是杜撰故事，並沒有任
何證據顯示羅密歐與茱麗葉真實存在，但維洛納近年來卻已經成為膜拜愛情的聖地，
觀光客絡繹不絕。

進入維洛納城就會看到寬敞的布拉廣場（Piazza Brà），接著就是阿雷納（Arena）
圓形劇場。這個圓形劇場是現今世界上所存的第三大古羅馬競技場，也是維洛納最
榮光的地標。它的氣勢雖無法和羅馬競技場相比，卻是舉辦大型歌劇表演的最佳場
地。從 1913 年開始，每年 7～9 月間這裡都會上演傳統的戶外歌劇，比起羅馬的圓
形競技場多了份浪漫的遐想，卻很難想像，此處也曾上演人獸競技的血腥戲碼。

追尋幸福的聖地——茱麗葉之家

接著，我們就要前往有名的茱麗葉之家（Casa di Giullietta）。開始對茱麗葉之
家產生興趣，是因為那部以維洛納為場景的電影《寫給茱麗葉的信》，全劇情節簡單，

1 第三大古羅馬競技場　　2 布拉廣場的店家 Venchi，冰淇淋、巧克力、咖啡一應俱全　　3 往茱麗葉之家的指標
4 茱麗葉的銅像

卻雋永感人。

　　《寫給茱麗葉的信》電影內容是女主角 Sophie 和男友從紐約前往義大利，她的男友因為在義大利工作繁忙而雜務纏身，不知不覺成了工作狂。Sophie 只好獨自在義大利追尋生活樂趣。有一天，她在維洛納發現了一堵出自《羅密歐與茱麗葉》的許願牆。在這裡，Sophie 發現了 50 年前，一位名叫 Claire Smith 的女孩寫給茱麗葉

1 傳說羅密歐躲在小陽臺下偷聽茱麗葉的真情告白　2 觀光客在茱麗葉之家兩旁的牆許願塗鴉，破壞了美感
3 斑駁的牆面覆蓋著綠葉，似是在訴說愛情

的信。Sophie 突然想找出這位 Claire Smith，幫她尋回那段丟失的愛情……。

　　Sophie 找到了已經是祖母的 Claire Smith，於是她與 Claire Smith 及其孫子 Charlie 一同去尋找故事中的男主角 Lorenzo Bartolini，但隨著事情的發展，Sophie 卻發現自己正不知不覺和 Charlie 醞釀出一段微妙的情愫……。雖然故事情節不夠創新，但女主角 Sophie 在協助他人也成就自己的細膩情感表現不俗，讓我不禁又想重溫莎士比亞這個被歌頌百年也不被厭倦的知名劇作《羅密歐與茱麗葉》。

　　來到擠得水洩不通的茱麗葉之家，遊客都爭相與茱麗葉銅像拍照。據說摸茱麗

葉的胸部會帶來幸福，大家因此還爭相排隊「摸奶」，幾乎每 3 秒鐘茱麗葉銅像就被襲胸一次。茱麗葉之家帶有中古世紀庭院的味道，斑駁的紅磚牆搭配綠葉，一路透迤蜿蜒覆蓋了半面牆壁，那座揚名國際的小陽臺，高度離地面不遠，可以想像羅密歐躲在陽臺下，偷聽茱麗葉傾吐對自己殷殷切切的情意。

宛如童話城堡的史卡利吉拉堡壘

轟立在湖上的城堡

廣袤如海，清澈湛藍的加爾達湖

　　參觀完維洛納，我們前往距此不遠的加爾達湖（Lake Garda）。加爾達湖是義大利境內最大的湖泊，也是阿爾卑斯山區風光美麗的湖泊度假區，大約位在威尼斯和米蘭之間。由於座落於阿爾卑斯山南方，擁有地中海溫和涼爽的氣候，湖岸遍植橄欖、檸檬、月桂樹等。

　　來到加爾達湖，湖畔的瑟米昂（Sirmione）是湖區最大的城鎮，也是眺望湖中加爾達島最棒的地點。瑟米昂位在突出湖面的細長峽岩上，其形狀如骨頭，遠遠望去，

1 湖畔餐廳旁的天鵝　2 成群優游的綠頭鴨

　　四周皆是湛藍的湖水，風光如畫。古羅馬詩人卡托勒斯（Catullus），就曾稱讚瑟米昂是最令人驚喜的半島。

　　在瑟米昂，會看見一座宛如電影或童話中的城堡——史卡利吉拉堡壘（Rocca Scaligera），是史卡利吉拉家族於 13 世紀時所建造。從 13 世紀開始，史卡利吉拉家族就統治維洛納達百年以上。史卡利吉拉家族的城堡，巍峨筆直地聳立在眼前，望著那高高的窗、斑駁的牆面，還有鋸齒狀的城牆，突然腦海裡想到的不是王子與公主在城堡裡一起過著幸福快樂日子的夢幻童話，而是那城牆上呈現的鋸齒狀會讓我

1 湛藍湖邊的悠閒遊客　2 湖畔餐廳一隅　3 外觀潔白的魚口感鮮美　4 外型小巧可愛的甜點

將城堡擬人化，想成只是個愛吃天鵝的城堡，喀滋喀滋……。為什麼會是愛吃天鵝的城堡呢？因為城牆上尖尖的鋸齒，還有瑟米昂附近經常出沒的一些白天鵝和綠頭鴨，讓我這個喜愛美食的老饕，除了享受與天鵝的互動，也不免勾起口腹之慾。

在瑟米昂，確實也於湖畔餐廳 La Speranzina 享受了味覺和視覺的雙重饗宴。那藍得彷彿將全義大利顏料都用罄的湖水，還有超大分量的提拉米蘇（Tiramisù），以及肉身潔白、口感細膩的魚，都令人難以忘懷。義大利是我心中的甜點王國，不愛吃甜點的我，對提拉米蘇很捧場，不過這次我投降了，整整一大杯簡直是巨無霸提拉米蘇！

無論是在熱戀中，還是正處於低潮期的伴侶們，都建議來一趟加爾達湖之旅，在這裡，很容易因為那湛藍的湖水而感動，並且洗淨心中的煩憂與不快。若是遇上挫折或不順遂，來這裡散散心也很有療癒效果呢！

世外桃源火車樂活行──
五漁村

五漁村（Cinque Terre），又名五鄉地，
cinque 是數字的「五」，而 terre 則指「陸地」，
位在義大利的利古里亞大區，是 Monterosso al Mare、
Vernazza、Corniglia、Manarola、Riomaggiore 等五個村鎮的
統稱。這五個漁村因為山坡陡峭、對外交通不便，而遠離塵囂，
擁有了遺世孤立的自然淳樸感，《國家地理雜誌》給五漁村的評語是：
世外桃源。

況且況且，往五漁村的火車過山洞了

來義大利前，儘管朋友（她常到歐美自助旅行）建議，到五漁村，最好
是坐船，因為坐船才能有機會飽覽五座漁村的田園風光。不過，我們想，在威尼斯
就有很多坐船的機會，來義
大利當然要多體驗不同的交
通工具囉！而且，我從小就
喜歡坐火車，尤其喜歡火車
過山洞，遁入漆黑又重見光
亮的感覺。

曾經看朋友寄來一則笑
話，那是老師讓小朋友造句
的題目，其中有一題是「況
且」，小朋友寫「火車來了，
況且況且況且」，剛看到這

蒙特羅梭

維那札

柯爾尼利亞

馬納羅拉

里奧馬喬雷

F.R.AH

穩重的藍色火車頭

往五漁村的火車一日券

造句時，我噗哧一笑，覺得小孩真的很純真、也很有想像力。

　　Karl Wang 在一旁發表他的觀察，他說：「義大利的火車看來好像比較高級呢！不但座位寬敞，前面還有一個跟高鐵或飛機上類似的小餐桌。」看他似乎比我振奮，我卻因為多日旅途的疲憊，不敵瞌睡蟲的呼喚，不小心睡著，快到站時才被他喚醒：「快看，海。」這時，我再無睡意了，眼看那片蔚藍無比的海，已經張開雙手，要將我環抱住了。

繁華落盡見「真淳」的世界文化遺產

　　1997 年，五漁村和韋內雷港（Portovenere）、帕爾馬里亞群島（Palmaria）、蒂諾島（Tino）、提尼托島（Tinetto），一起被聯合國教科文組織列入世界文化遺產名錄。而在 1999 年被升格為國家公園，以保護這裡的生態平衡，千百年來，當地的漁民和農民利用地中海氣候與地理特性，辛勤耕種和捕魚，而五漁村雖地勢陡峭，卻非常適合葡萄和橄欖生長，還適合種植各種香草與大蒜。

　　若從 La Spezia 搭火車出發，五漁村的第一站為里奧馬喬雷（Riomaggiore），第二站為馬納羅拉（Manarola），第三站為柯爾尼利亞（Corniglia），第四站為維那札（Vernazza），第五站為蒙特羅梭（Monterosso al Mare）。由於時間的緣故，我們選擇了寧靜而保留原始面貌的馬納羅拉，以及最有味道、最具親和力的維那札。

令人想一親芳澤的馬納羅拉海岸

馬納羅拉，純樸的小姑娘

　　剛看到馬納羅拉這個地名，我腦海中就想起了純樸的小姑娘。果然跟我想像的相差不遠，這是一個原始而靜謐的地方，普魯士藍的海面像一張柔軟的綢緞，如此安詳，而色彩繽紛卻帶點斑駁的古老房子，窗臺還曬著衣服和毛巾，完全褪去城市文明的矯飾。這裡沒有高級旅館、沒有現代化的設備，也沒有高級的名牌購物中心。

　　老實說，馬納羅拉絕非我心目中第一的美景，這裡除了有我這雙魚女最愛的海，可以符合我溫柔的期待，但世界各國甚至是臺灣，都多少有豐富的自然景觀，其中也不乏如詩如畫、清新脫俗，絕對可以超過此處的美貌。

　　不過，就以義大利較具代表性的城市米蘭來比喻，米蘭就像一個走在時尚尖端的豔麗女性，而馬納羅拉這純樸的小姑娘，雖沒有米蘭的風華絕代，卻如鄰家女孩般，令人感到親切、溫柔，沒有任何壓力。

1 傳統純樸的馬納羅拉民宅　　2 馬納羅拉陡峭狹長的海岸步道　　3 靜靜躺在海上的馬納羅拉村
4 馬納羅拉村中五顏六色的房子

　　在馬納羅拉，可拋掉繁瑣的人際與工作壓力，感受大海奏起自然的樂音；也可以悠閒地跟伴侶、朋友於海岸步道散心；更可以什麼都不想，就在這裡找個地方靜靜坐著，把時間浪費在美好的時光裡。

維那札，一把剛醃漬好的橄欖

　　和馬納羅拉相比，我更喜歡維那札，曾經看過一本書比喻，維那札是最有味道的漁村，這話我認同。維那札就像一把剛醃漬好的橄欖，咀嚼起來是那麼清脆且微帶甘甜。

　　維那札相當具魅力，因為這裡的海那麼湛藍、空氣那麼新鮮、食物那麼可口。整條街都是物美價廉、琳琅滿目的食物與裝飾品，讓人豈能入寶山空手而回呢！

　　維那札讓我想起臺灣的九份，那一條充滿魅力的老街，只不過現在的九份商業

維那札的重要地標聖馬格麗特教堂

氣息太濃厚，而維那札這種保持著一些人潮，卻又略微遠離塵囂的雙面氣質，讓我覺得恰如其分。而且，吸引我的是，這裡獨特又天然的食物，很合我的胃口，像是檸檬糖、橄欖油、義大利麵、香料等，一旁的 Karl Wang 則是在此搜尋一些小飾品和香皂，當然我也不忘買些小皮包和圍巾送給親朋好友。

維那札有一座象牙黃色、莊嚴又優雅的哥德式教堂，稱為聖馬格麗特教堂（Chiesa di Stanta Margherita）。不過，沙灘上的裸娃卻搶去了教堂的風采，真的是「一・絲・不・掛」的裸娃喔！沙灘上雖有和煦的陽光，不過在即將入秋的時刻，海風吹來還是有些許涼意，我比小娃的老爸更擔心她感冒呢！

維那札還有 C/P 值很高的披薩店，我和 Karl Wang 合吃了一個比臉大上 2 ～ 3 倍的披薩，覺得肚皮撐到快變成氣球了。維那札也有很多值得駐足的小景色，來這裡別忘了多拍幾張美好的照片留念。

1 沿路還有追鴿子的金髮小娃　　2 沐浴在陽光下嬉戲的開心裸娃　　3 琳琅滿目的飾品和食物令人愛不釋手

五漁村建議路線

如果有充裕的時間，建議可將其他三個漁村都玩遍。從五漁村的起點里奧馬喬雷（Riomaggiore）開始，而第三站柯爾尼利亞（Corniglia），恰好位在五漁村的正中央，且高懸在海拔100公尺的岩石岬上。第五站蒙特羅梭（Monterosso al Mare），則是唯一擁有度假海灘的村落，也是五漁村中最現代化、最熱鬧的漁村。

義式的味蕾之旅──
濃醇美好食光

　　從少女時代，我對美食就有一定的堅持
與追求，常是朋友眼中的挑嘴貓。其實，我對美
食的要求不一定是山珍海味，我反而是注重食材的新鮮與
否及烹調方法。這些年，去過幾個國家，總是沒幾天就懷念
起臺式料理，幾乎沒有一個國家吃得慣。幾年前去泰國，發現
他們善用調味料的特色，讓我開始懂得品嘗異國料理；而真正到訪義
大利旅遊後，我才又發現，稱其為美食王國，可說當之無愧。

臺式與義式的燉飯、義大利麵超級比一比

　　義式餐廳在臺北如雨後春筍般一家家的接著開，可看出臺灣人對義大利
麵的喜愛程度。我也是義大利麵愛好者，一個禮拜幾乎要吃上一兩次，當然，燉飯
也是偶爾的選擇。所以，多年下來，對義大利麵與燉飯，累積了許多的心得與感想，
這次的義大利之旅，更讓我佐證了自己對美食的見解與品味已攫升不少。

義式燉飯較有嚼勁，義大利麵較為 Q 彈

　　美國作家亨利‧米勒（Henry Miller）說：「旅人的目的地並不是一個地點，而
是看待事物的新方式。」我頗認同這句話，過去我自詡臺式料理變化多端，口味多樣，
總對異國料理產生偏見（不過，在這之前大多討厭美式和法式料理，義式料理則是
最能接受的）。

　　在臺灣吃義大利麵常覺得餐廳把麵煮得太軟爛，醬汁煮得不夠黏糊，過於湯湯
水水的（當然，也有幾家餐廳的狀況比較好，並且不否認許多臺式義大利餐廳配菜
豐富繽紛）。在義大利吃幾餐下來，發現他們的麵就是很單純的麵，頂多加點紅醬。

1 在托斯卡尼山城吃的番茄義大利麵　　2 看起來單調，口感卻很優的清炒蒜味義大利麵
3 佛羅倫斯的牛排，吃起來算中等　　4 在旅館飯店吃的義式燉飯，彈牙有嚼勁

但即使是這麼單純的作法，臺式義大利麵依舊很難超越。

　　某天，我在威尼斯的某家餐廳點了一道蒜香辣炒義大利麵，剛端上來時，我頗失望，因為一點配菜也沒有。不過，吃了幾口後就改觀了，麵條 Q 彈有嚼勁，而且橄欖油的味道芳香鮮美，蒜辣味搭配橄欖味自然爽口。後來，我發現他們習慣將麵食與配菜分開，不像臺式義大利麵裡一盤就有多種配菜。而且，他們的配菜多是生菜沙拉，不過這點，我還是覺得臺灣的炒青菜略勝一籌。

　　更記得有一天，在比薩吃義大利麵裹紅醬時，令人大大地驚豔，他們的紅醬吃起來新鮮，番茄的口感十足，而且很均勻裹在麵上，同時帶有橄欖油的天然清香，不像臺式義大利麵吃完總是留下一些番茄醬「汁」。

　　以前，我在臺灣上義式餐廳是不太點燉飯的，因為不喜歡燉飯那種口感，既沒有粥的入口即化，又沒有炒飯的粒粒分明。但是來義大利吃燉飯，才發現是我誤解了，其實義大利米飽滿結實，煮到 7 ～ 8 分熟，咀嚼起來是很紮實、彈牙的。

1 和餐廳侍者合照，一起比 Buono（好吃）的手勢　2 第二道主菜包含肉、馬鈴薯和青菜
3 吃完燉飯再搭配超大隻烤雞腿

飯前來點紅酒及麵包，配菜豐盛澎湃

　　Karl Wang 是標準的義式料理粉絲。所以，來到義大利他準備一飽口福。平時兩人一餐可沒點這麼多道菜，但基於「入境隨俗」及旅遊在外就要好好享受的心理，在這號稱美食王國的義大利，我們倆怎能點一兩道菜就作罷！於是，餐餐都是照著義大利人的標準程序：前菜（通常是肉類、火腿或海鮮冷盤，以及抹醬的麵包片），再來第一道主菜（單純的義大利麵或燉飯、蔬菜湯等）及第二道主菜（肉類或海鮮

1 紅醬魚肉搭配四季豆和馬鈴薯　　2 繽紛多彩的起司沙拉　　3 標上奇揚地的紅酒　　4 麵包和開胃酒
5 羅馬最有名的金杯咖啡

　　加點蔬菜），最後是甜點及咖啡。

　　我們倆通常在晚餐時才會點杯紅酒，總會被那撲鼻的酒香吸引，有一種美酒就
是要配佳餚的微醺感。而且，飯前吃點義式麵包沾橄欖油雖不是什麼新鮮的吃法，
但義大利餐桌上的橄欖油往往令人覺得風味更濃郁醇厚。

1 義式奶酪香濃順口　　2 帕爾馬的提拉米蘇更甜軟　　3 巨無霸提拉米蘇令人難忘

　　義大利餐廳有一個習慣，通常會在吃完前菜後，先上第一道主菜，然後再上第二道主菜加配菜。幾餐下來，我發現吃完第一道主菜，肚皮就已經飽了六分，再端上一大盤繽紛豐富的第二道主菜加配菜，除了愛吃鬼 Karl Wang 可以繼續吃得盤底朝天，通常第二道端上來時，我都已經快投降了呢！

咖啡的聖地，冰淇淋的王國，甜點的天堂

　　義大利的咖啡名聞遐邇。據說，義大利人嗜咖啡如命，一天至少四杯。我這個喝咖啡就容易失眠的咖啡絕緣體，來到義大利也喝上了幾次，畢竟 Karl Wang 是個典型的咖啡控。尤其到了羅馬，就跟 Karl Wang 去喝作家丹·布朗推薦的金杯咖啡（Caffè Tazza d'oro），當時已是下午，我擔心晚上失眠，點了杯 Caffè Macchiato（就是 Espresso 加點牛奶泡沫）。在威尼斯的旅館吃早餐，便來杯 Espresso，其實我算是喜歡濃郁的咖啡香，然而味蕾卻沒上癮。

　　在義大利，只要 1～2 歐元就可以買到一杯咖啡，不過這是站著喝的價格，如

看起來其貌不揚的含羞草蛋糕教人味蕾驚豔　　　許願池旁的冰淇淋店家口味眾多

果坐著喝，一杯咖啡可能要 10 歐元起跳呢！在這裡看不到任何一間 Starbucks，因為義大利人以自家咖啡為傲，不認為美式咖啡會比較好喝，也的確如此，對那些咖啡控來說，義大利的咖啡 C/P 值高、質感優，無疑是咖啡愛好者的天堂吧！

我在臺灣不喝咖啡，也很少吃冰淇淋，一來為了健康與身材，二來是臺灣冰淇淋的口感不優，也太甜膩。但是來到義大利，我幾乎每天都在吃冰淇淋，還記得飲食類的義大利文，我第一個學會的就是 Gelato。義大利冰淇淋吃起來香濃滑順，清爽不甜膩，最重要的是口味繁多，我幾乎每天都品嘗不同的冰淇淋。我特別喜歡哈密瓜、榛果、無花果及覆盆莓這幾種口味，套句來過義大利吃冰淇淋的好朋友所形容：「真是超級無敵好吃，百吃不厭！」

義大利的提拉米蘇，在我心中是最經典可口的甜點。在義大利，你可吃到各種造型，以及各種不同作法的提拉米蘇。提拉米蘇帶著微醺的酒香，而入口即化的綿密口感，被譽為「天堂的滋味」。我自認為是提拉米蘇的忠實粉絲，不過在加爾達湖附近的餐廳吃了豐盛的一餐後，又來杯巨無霸提拉米蘇，我竟然「吃·不·完」，當時我還真希望自己有四個胃呢！

來到義大利，真是顛覆了我對甜點的刻板印象，過去在臺灣，我常吃的甜點也就是波士頓派和提拉米蘇，其他大多興趣缺缺。可是我在托斯卡尼竟然吃到類似拿破崙派的甜點，層次豐富卻沒有拿破崙派的甜膩感。還有在比薩吃到一種稱為 Torta Mimosa 的甜點，翻譯成中文是含羞草蛋糕。這道甜點剛端上來時其貌不揚，不過卻讓我的味蕾相當驚豔，新鮮的鳳梨配上碎海綿蛋糕，真是滋味絕妙！只能說這趟義式味蕾之旅，確實齒頰留香，難以忘懷。

繪畫文學探勘之旅──
烏菲茲美術館和
但丁之家

在佛羅倫斯，很容易就激發出對藝術的熱情，而被譽為全歐洲最偉大的詩人但丁，其故鄉就在佛羅倫斯呢！所以，絕對不能錯過烏菲茲美術館（Galleria degli Uffizi）與但丁之家（Casa di Dante）。

烏菲茲美術館位在佛羅倫斯領主廣場的舊宮隔壁，是歐洲最早的一間藝術博物館，這裡起初為第一代托斯卡尼大公柯西莫一世所建的辦公室，Uffizi 即義大利語的「辦公室」。前文有介紹過，梅迪奇家族熱中藝術，從柯西莫一世開始收集珍貴的藝術瑰寶，而到最後一位女繼承人安娜·瑪麗亞，將所有的收藏品全數捐給佛羅倫斯市民，使烏菲茲成了一間博物館，並於 1765 年對外正式開放，成為了文藝復興作品最重要的典藏中心。由於館藏越來越多，在 2006 ~ 2011 年時進行了擴建工程，成了如今的烏菲茲美術館。

烏菲茲美術館重點式欣賞

與義大利其他建築相比，烏菲茲美術館不算大，但豐富的館藏讓人目不暇給，即使是重點式欣賞，也要花上好幾個小時，而光是走廊上天花板的壁畫，就令人驚嘆。由於館內規定拍照不能用閃光燈，加上遊客實在太多，無法表現出原作的色彩與精緻度，不過還是盡力拍了好幾張，我就簡單地介紹四幅比較重要，個人也比較喜歡的畫作來與讀者分享。

走廊上的梅迪奇家徽

1 烏菲茲美術館側面結構圖　　2 通往烏菲茲美術館 3 樓的階梯　　3 烏菲茲美館走廊上的天花板壁畫
4 天花板壁畫令人驚嘆

喬托的《聖母登極》

　　首先是被譽為歐洲繪畫之父喬托（Giotto di Bondone）的《聖母登極》（Maestà）。這幅作品，喬托一改過去傳統拜占庭的藝術風格，讓聖母的皮膚和肌理顯得更有濃淡、明暗對比，而聖母的寶座也像一個透視箱。過去的宗教畫都是平板、僵硬，構圖也完全標準系統化，喬托的《聖母登極》卻創造出立體的空間概念，並讓聖母的臉龐更自然且人性化。

波提且利的《春》

　　第二幅是波提且利（Sandro Botticelli）的《春》（La Primavera）。這幅畫是烏菲茲美術館最知名的作品之一，中間是維納斯；而左邊則是古代美惠三女神（Aglaia 光輝女神、Euphrosyne 歡樂女神、Halia 激勵女神），她們是希臘神話中體現人生美好的女神；右邊則是花之女神芙蘿拉（Flora），也代表春天的化身，她賦予愛人風

1 喬托的《聖母登極》　　2 波提且利的《春》　　3 米開朗基羅的《聖家族圓形畫》　　4 拉斐爾的《金翅雀的聖母》

神讓花綻放的能力，可看見素白衣服的春神嘴邊生長著一朵花。這幅畫象徵偉大的羅倫佐統治時期，欲返回黃金時期的榮光。

米開朗基羅的《聖家族圓形畫》

　　第三幅是米開朗基羅的《聖家族圓形畫》（ Tondo Doni ）。這幅畫是米開朗基

義見鍾情

義大利北部之旅

羅唯一留在佛羅倫斯的作品，含意不明確，但可推測與耶穌和施洗約翰的誕生有關，而圓形則代表子宮。這幅畫採蛋彩畫技法，用蛋黃將顏料固定住，畫面中三個主要扭轉的肢體互相環繞成緊密而圓滿的姿勢，是典型的三角形構圖。

拉斐爾的《金翅雀的聖母》

第四幅是拉斐爾的《金翅雀的聖母》（Madonna del Cardellino）。拉斐爾畫了多幅聖母與聖子的作品，都以風景為背景，且具有共同的母愛主題。畫中撫摸金翅雀的男孩是耶穌，而手中握著金翅雀的是施洗約翰。金翅雀這個名稱源自拉丁文的Cardus，因為這種鳥類最愛的植物大翅薊（Cardi）很像耶穌頭上的荊棘，象徵著耶穌受難。

但丁之家

從聖母百花大教堂向南走，轉進巷子裡，約 5 分鐘就可到達但丁之家。細心的讀者有發現嗎？但丁義大利語就是 Dante，臺灣常見的丹堤咖啡就是以但丁命名呢！

樸實無華的住處，成就了偉大的作家

既然來到佛羅倫斯，不妨造訪一趟但丁之家！其實，但丁之家的外觀樸實無華，而且位在不起眼的巷子裡，如果稍不留意，還真容易忽略它的存在。但丁之家是1921 年為了紀念但丁逝世滿 600 年，義大利政府將他的故居重新改建，並成立但丁博物館。

其實，在大學時代，我就因為選修文學概論的課程，而知道但丁與《神曲》，但當時只是為了考試，並沒有深入研究。真正更進一步了解他的偉大，還是在造訪但丁之家後。近來又閱讀了但丁《神曲》的相關賞析作品，才加深對他的佩服，前面篇章也略微介紹但丁的坎坷經歷及作品，還有他單戀貝德麗采而成就了偉大的詩篇。有人將西方的但丁與東方的屈原相比較，認為他們都是被流放後成就了偉大的詩篇，不過但丁似乎在愛情方面更浪漫，也更具傳奇色彩。

民族語言創作的先驅，更深植民心

但丁除了是文藝復興的先驅，他還是義大利的第一位民族詩人。但丁在世時，義大利不是個統一的國家，沒有統一的語言，所有的作家都是用拉丁語創作，然而

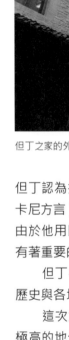

但丁之家的外觀平凡樸實　　　　　　　　　但丁之家外的但丁雕像

　　但丁認為拉丁語難以掌握，不僅故作高雅，也難以親近，於是他用民間方言（托斯卡尼方言）創作《神曲》，並很嚴格的按照三行一節的方式書寫，三行聯韻一貫到底。由於他用民間方言創造出活潑自然的風格，深受大眾喜愛，對義大利文學語言發展有著重要的影響力。

　　但丁在 1304 ～ 1308 年，用拉丁文寫成的〈論方言之表達〉，對義大利語言的歷史與各地方言有精闢論述，是歐洲最早的語言學著作。

　　這次能到訪但丁之家，更覺意義非凡。這位義大利文學之父，雖然在歐洲享有極高的地位，卻並未在臺灣引起大眾注意，希望有那麼一天，但丁的創作精神也能在臺灣，甚至全亞洲發揚光大。

比薩斜塔周邊奇趣行

到比薩沒遊比薩斜塔（Torre di Pisa），就像到臺北沒遊 101 一樣，會令人扼腕。比薩斜塔除了是比薩代表性地標，也幾乎是來到義大利必看的景點。我們匆匆趕到比薩時，已近黃昏，沿路還有小攤販在賣小木偶，我開心地買了一個，希望這個小木偶能帶我一起暢遊比薩，享受比薩斜塔的奇趣。

什麼？蓋斜了卻成為文化遺產與七大奇蹟

雖然，小木偶（皮諾丘）作者的故鄉在佛羅倫斯。可是，不知為什麼，我總認為小木偶應該是誕生在比薩，或許由於個人覺得 PISA 這名字聽起來帶點童真，我就將它跟可愛的小木偶聯想在一起了。說起來，兩者相似之處都是無意間創造了奇蹟，小木偶作者卡洛·科洛迪覺得自己寫的只是可以隨意處理的「傻玩意兒」，結果成了全世界受歡迎的童話；而比薩斜塔當初蓋斜了，卻變成它的魅力，成為世人公認的七大奇蹟之一。

經過矯正、美白的比薩斜塔，可再屹立 200 年

比薩斜塔不只是世人公認的七大奇蹟之一，更是世界文化遺產。比薩斜塔最早建於 1173 年，但在工程開始後不久，據說是蓋到第三層，便由於地基不均勻和土層鬆軟而傾斜，被迫停工。後來經著名的工程師托馬索·比薩諾（Tommaso Pisano）反覆測量，證實此塔雖斜，卻並無倒塌的風險，此後斜塔繼續蓋，在竣工後成了熱門的觀光景點。隨著斜塔以每年 1.25 毫米的速度向南傾斜，一直到 1990 年關閉整修，經過 11 年的矯正、8 年的美白工程，將近 20 年的時間，據說比薩斜塔將可再屹

立 200 年不倒。

　　在比薩斜塔前，許多人都喜歡借位拍扶正或環抱斜塔的姿勢，拍了幾張後覺得自己把比薩斜塔扶正的表情不夠滑稽，甚至不夠精采，於是就讓斜塔自己當麻豆好了——斜塔本來是一個快步入老年的大嬸，有點骨質疏鬆，但經過骨骼矯正後，感覺有活力許多，再加上打了美白針，斜塔又重返青春模樣，宛如凍齡美少女了。

伽利略曾在比薩斜塔上做過實驗

　　比薩斜塔會這麼出名，有一部分也來自現代物理學之父伽利略的加持。還記得學生時代，老師在課堂上講過從小生長在比薩的伽利略，曾於比薩斜塔上做過自由落體的實驗，將兩顆大小不同的鐵球同時扔下，結果同時落地，推翻了亞里斯多德物體落下的速度是由重量所決定的說法。然而當時的人雖親眼見證了這個事實，卻不願相信地位近乎聖人的亞里斯多德其理論原來也有謬誤。

　　伽利略這位偉大的物理學家及天文學家，在發明了改良式望眼鏡後，一舉讓許多專家學者刮目相看，並影響了人類天文學的發展。伽利略晚年大膽著書立言，推動哥白尼的地動說，但此學說違背基督教教義，書出版不久，他就被教會軟禁直至去世。在軟禁期間，伽利略的研究精神依然熱情旺盛，宛如屹立了 800 多年的比薩斜塔那般，永遠不朽地活在人們心中。

比薩斜塔地位屹立不搖

不同角度看斜塔，傾斜度也不同

1 與小天使合照的比薩斜塔　2 主座教堂和比薩斜塔一起入鏡　3 主座教堂外觀聖潔典雅

比薩的主座教堂和洗禮堂

在奇蹟廣場前，最醒目的建築除了比薩斜塔，還有主座教堂，這座比薩主座教堂建於 1064 年，總共歷時 50 年才完成。因為 11～13 世紀，正是比薩共和國最強盛的時期，當時西羅馬帝國已經滅亡，這座教堂明顯受羅馬式建築影響，也是世界羅馬式教堂的典範。它以卡拉拉（Carrara）的明亮大理石裝飾外觀，其拱廊和圓頂則受到阿拉伯裝飾風格影響，成為比薩建築中一個很獨特的風格。主座教堂前的三面青銅大門，門上刻著關於聖母和耶穌的生平故事，值得一看。

被比薩斜塔搶去風采的主座教堂

比薩斜塔實在太有名氣了，否則這聖潔高雅的教堂外觀，應該也算奇蹟廣場的一個奇蹟吧！

由於趕到比薩時已經下午 5～6 點，教堂和斜塔內部都無法進入參觀了。我們

主座教堂在燈光烘托下更添浪漫　　　　　　戴著黑帽子的洗禮堂典雅清新

基於其他行程的考量，將比薩斜塔周邊這麼熱門的景點排在午後，就是想一睹比薩斜塔和教堂的外觀，內部就等下次來比薩時再回味吧！不過我們倆在奇蹟廣場附近也足足待了 2、3 小時，直到教堂周邊亮燈才離去，入夜的主座教堂有種迷濛之美，還有些許浪漫，我一度錯覺，以為自己置身於宮殿外，而非教堂。

義大利最大的洗禮堂

　　位於主座教堂旁邊的是聖若望洗禮堂，為義大利最大的洗禮堂。這座洗禮堂會讓我聯想到佛羅倫斯聖母百花大教堂旁邊的八角形洗禮堂，但那座因為在整修無法一窺全貌，而這座圓形的洗禮堂在即將晦暗的天色下，還是顯得很典雅清新。

　　仔細一看，洗禮堂總共分為三層，應該是混合羅馬和哥德式兩種建築風格。屬於哥德式風格是中間層，每兩座小圓拱上方都有一片鏤空雕刻的裝飾，這層也是我最喜歡的風格。

　　洗禮堂內部還有一個講道臺，是文藝復興時期的雕塑家尼古拉・比薩諾（Nicola Pisano），於 1255 ～ 1260 年所完成，據說這個講道臺的名氣勝過主座教堂呢！

ITALO 高速列車之旅

這次來到義大利，我們不只參觀了法拉利博物館，連火車都是搭乘由法拉利跑車公司主席開辦的 NTV ITALO 高速列車，可說是對法拉利公司相當支持呢！

過去義大利的火車，都是由 Trenitalia 經營，為義大利典型的國鐵，而在 2012 年出現了義大利私營的 NTV 公司，NTV 是 Nuovo Trasporto Viaggiatori 的縮寫，（Nuovo：新的，Trasporto：運輸，Viaggiatori：遊客），即新的客運之意。而且它的價格比 Trenitalia 便宜，外型又很新潮，所以我們當然選擇 ITALO 了。

在波隆納站，巧遇全家自助旅行的臺灣遊客

我們是從摩德納轉車到波隆納（Bologna），因為提早半個多小時到達，所以 Karl Wang 就很悠閒地在車站裡買杯咖啡。義大利火車站的自動販賣機除了有各式各樣的零食，還能現泡一杯咖啡，非常方便。

世界真是小，這叫他鄉遇學長

這時，一位東方面孔的男子走過來說：「你們是臺灣人吧？」我們點點頭。原來他也是來自臺灣的遊客，他詢問了一下自動販賣機的簡單步驟，就熱絡地與我們攀談起來。言談之間，竟發現這男子是大 Karl Wang 十幾屆的臺中一中學長，世界真是小啊！

他說，他們這次全家出遊（太太和兩個女兒）也坐在一旁等車。他們這次規劃了一個月的歐洲之行，已經在法國玩了兩個禮拜，到義大利也已經五天。他還很熱

波隆納車站大廳

行駛中的國鐵 Trenitalia

心建議我們，以後要去法國玩應該注意些什麼，還有他們全家居遊法國的點點滴滴。

　　他們的火車先進站，是義大利的國鐵 Trenitalia。我們目送這一家人上了火車，不久，我們的 ITALO 也進站了。

被我命名為卡爾維諾的 ITALO 列車

　　雖然，我知道 ITALO 列車就是「法拉利列車」，而且除了法拉利的總裁，據說皮件大王 Tod's 的總裁也是投資者之一，但我喜歡將它稱為卡爾維諾列車。

　　在旅行義大利前，我做了一些功課，除了閱讀一些義大利相關的旅遊書籍，也大略讀了一些義大利的知名文學作品。其中有一位作家是我所欽佩的，就是寫《如果在冬夜，一個旅人》的卡爾維諾，但我最愛的還是他的《義大利童話》與《分成兩半的子爵》。因為卡爾維諾的全名叫做 Italo Calvino，中譯為伊塔羅‧卡爾維諾，而且卡爾維諾也是個熱愛旅行的人，我想，如果他還活著，一定也會來體驗這超速列車吧！

極速奢華的享受，爆紅歐洲的法拉利高鐵

　　因為 ITALO 列車以時速 300 公里穿梭於義大利九大城市，與臺灣的高鐵相仿，但卻又更豪華、更前衛。ITALO 車廂種類分為頭等車廂（Club）、商務車廂（Prima）、標準車廂（Smart）。為了節省一些交通費用，我們選擇了標準車廂，儘管如此，我還是覺得滿享受的，畢竟車上有免費的充電器、Wi-Fi，列車提供的 Tod's 座椅也算舒適。

1 正在進站的 ITALO　　2 正要下站的乘客　　3 我們坐最經濟的標準車廂　　4 車窗外的海上風景
5 即將進站的窗外風景　　6 威尼斯的聖路濟亞車站

　　雖然為極速列車，還是能清晰看見窗外的風景，快到威尼斯時，沿途的海景清晰可辨，橫躺在湛藍海上的小屋子，彷彿置身童話故事中。沒多久，我們就抵達目的地，威尼斯的聖路濟亞車站，結束了法拉利高鐵與卡爾維諾列車合體的高速之旅。

片刻的微風景，好美

人人去義大利都知道看著名的文化遺產，看教堂、看藝廊、看別墅宮殿、看名牌……但其實，義大利即使是不知名的鄉村風光，或是路邊一隅，尋常的住家門窗，都可以發現唾手可得的驚喜。我相當欽佩義大利人對任何事物的美感追求，在義大利待久了，或許美學素養也會不知不覺提升許多呢！

托斯卡尼美景下

托斯卡尼是義大利一個大區，其美麗的田園風光和豐富的文化遺產，令人難以抵擋其誘惑。旅途中拍多了熱門景點，卻發現不經意間映入眼簾的，也有一種難以言喻的美——有時走在路邊，即使是一片落葉、幾顆長在樹上的橄欖，亦十分引人入勝。

門窗將房屋妝點得更舒適恬美

我特別迷戀義大利的門窗。記得去托斯卡尼的山城時，我總被那些風采萬千的門窗所吸引。只能說，義大利人對美感的追求，真是讓人望塵莫及。此次旅行，我更覺得，門窗是一間房屋的靈魂，不僅讓房屋舒適恬美，也顯得更有生命力。

我開始在學習基礎園藝，也注意到義大利人特別喜歡於窗邊種些小植物，照顧植物固然辛苦，但可以將窗景布置得如此綠意盎然、生機無限，真的令人讚嘆。他們不只注重窗景布置，也注重窗外的視野，還記得我在托斯卡尼山城的一家餐廳，坐在窗邊，看著花團錦簇的近景，以及迷濛山城的遠景，真是賞心悅目。

1 窗外還有扇窗　2 窗裡的小花特別清麗可愛　3 胡桃色的門，古典莊重　4 托斯卡尼的田園風光綠意無限
5 山城風光如此欣欣向榮

義大利人對門的選擇也令人激賞。我感覺義大利人很有品味，尤其在托斯卡尼山間，我看到了幾扇外觀相當古典，卻很大氣莊重的門。一間房子有了高雅的門面，就像人們把自己打扮得風采絕佳一般，走出去也會充滿自信。

樹上的橄欖黑得發亮

生機無限的田園風光與老橋

在托斯卡尼，常常可看見綠草如茵的田園風光，或是藍天與綠樹相襯的美麗景象，那些屬於鄉間的葡萄園、橄欖樹、梧桐樹……都令人激賞萬分。

老實說，剛看到佛羅倫斯的老橋（Ponte Vecchio，又名維奇歐橋）時，我心想，好像有那麼一點不起眼。與那些托斯卡尼富庶的田園風光，還有那些看不盡的教堂、美術館，舊橋顯得過於低調靜謐了。不過，老橋背後的故事和歷史意義已經凌駕於一切，佛羅倫斯的老橋橫跨在亞諾河（Arno）上，是二次大戰期間唯一倖存的橋，據說老橋的夕陽最美，不過可惜我們到訪時是陰天，沒能一覽夕陽無限好的景色。然而，老橋在霧氣迷濛間，有一種蕭瑟之美。我忽然想到普契尼歌劇裡的那首詠嘆調〈我親愛的爸爸〉，旋律動聽委婉，女主角試圖說服父親深情地唱著：「假如您不答應，我就到老橋上，縱身跳入亞諾河裡。」這麼淒美的哀傷，為老橋賦予了更動人的景致。

旅館房間也是虜獲人心的風景

每次出國旅遊，我總喜歡在旅館的房間裡東瞧西瞧，像瀏覽戶外的景色一般，義大利的旅館確實沒有讓我失望。尤其第二天在托斯卡尼住的 Villa Cappugi，更是讓我印象深刻。旅館的大廳裡，幾張咖啡桌上擺放小花盆栽，並掛著畫技精湛的油彩畫，大廳一隅隨處可見生氣蓬勃、春意盎然的植物。即使已邁入秋天，也可看出義大利人在室內所營造的濃濃綠意，真的相當不容易。

還有一間位在威尼斯的 Amadeus，我喜歡這裡帶點復古的風格。紅白配色形成強烈對比的床，精心鑄造的床頭鐵雕典雅瑰麗，讓人有宛如置身宮廷的富足感。

1 散發著古典魅力的老橋　　2 Villa Cappugi 旅館裡的咖啡桌非常舒適雅致
3 Villa Cappugi 綠色沙發有大自然的清新感　　4 Amadeus 旅館裡擺放著醒目的鮮紅色沙發
5 Amadeus 旅館的一隅　　6 紅白相間的床貴氣高雅

4 去義大利的
行前功課

行前和在地的基本資訊，輕鬆搞定

　　雖然，很多旅行的資料只要上網查詢即可自行安排，但是為了方便讀者查閱，還是附上一些基本的旅遊資訊。特別提醒，抵達義大利的每個城市後，也可以到服務中心索取一些相關旅遊資訊。

購買機票、出境、入境

購買機票可直接上網或透過旅行社代訂

　　義大利是熱門旅遊景點，目前從臺灣飛往義大利的航空公司有新加坡航空（SIA）、長榮航空（EVA AIR）、中華航空（China Airlines）、國泰航空（Cathay Pacific）等，只有中華航空直飛羅馬，其餘都經由新加坡、曼谷、香港等其他地方轉機，詳情可上網查詢（www.skyscanner.com.tw/flights-to/it/airlines-that-fly-to-italy.html）。

　　購買機票可以直接上網購買，或是透過旅行社代訂。很多旅行社會推出不跟團的半自助行程、機加酒的套裝行程，甚至也提供免費線上購買機票的服務。

這樣購買機票可更省荷包

　　許多線上購票網站常有優惠價的服務，航空公司也常有不定時的特價優惠活動，建議平時可以訂閱各家旅行社的電子報或加入 FB 粉絲專頁，以獲得最新的情報。如需購買廉價航空的機票，可上易飛網查詢（ea.ezfly.com/ProdWLCC）。

出境流程

　　出境臺灣，首先要到機場找尋所搭乘的航班櫃檯，辦理登機手續、托運行李，接著前往出境處檢查護照和登機證，然後隨身行李檢查完畢，就可以前往登機門，進入候機室等待登機。

入境流程

　　入境義大利時，沿著指標前往入境檢查，並提領行李，若有要申報物品走紅色標誌的通道 Oggetti da dichiarare，要出關則走綠色標誌通道 Niente da dichiarare。

交通

火車

　　在義大利境內遊玩，火車是很便利的交通工具，班次頻繁又省荷包。義大利的國鐵目前由 Trenitalia 公司經營，可上官網查詢（www.trenitalia.com）。

國鐵

- **高速車種「箭」系列**：分為紅箭、銀箭、白箭三種，紅箭是以最高時速 352 公里，行駛於北部杜林（Torino）至南部薩萊諾（Salerno）的南北向高速鐵路；銀箭是以最高時速 250 公里，行駛於大城市之間的固定列車，例如羅馬到威尼斯；白箭則是以最高時速 200 公里，行駛於義大利境內大城市，尚未提供高速列車服務的路線。
- **中速車種 ESI 和 IC 系列**：ESI 為義大利歐洲之星，IC 為城際特快列車，以時速 200 公里，行駛於各大城市之間，方便快速，班次頻繁。
- **特快夜車 ICN**：城際特快夜車，以時速 200 公里，行駛於義大利境內各大城市。
- **區間列車和區域火車**：這是停靠較小站的慢車，若時間充裕可搭乘，沿途欣賞窗外的景色。

法拉利高速列車 ITALO

　　高速列車 ITALO，是由義大利法拉利公司、法國國鐵，以及 Tod's 精品推出的象徵性時尚列車，以時速 300 公里行駛，可上官網查詢（www.italotreno.it）。

地鐵

在羅馬和米蘭都有地鐵（la metropolitana，簡稱 metro）可搭，羅馬的地鐵很簡單，只分橘色 A 線和藍色 B 線；米蘭的地鐵就比較複雜，分為 1 線（M1）、2 線（M2）、3 線（M3）、S 線。

電車

通常在米蘭、羅馬、佛羅倫斯這三個比較大的城市，可搭乘電車。以米蘭來說，分成復古有軌的老電車，以及現代化有軌的電車。復古有軌的老電車，一般呈橘黃色，有三節或一節的，會發出警示聲；而現代化有軌的電車，以綠色為主下半部塗著一層銀灰色，外觀看起來比較新潮，行駛起來也比較安靜，底盤低，適合老人、推嬰兒車者乘坐。羅馬市的路面電車，外觀一般呈綠色，主要行駛 C 型路權，也就是與地面交通完全混合的共用路權。

巴士

羅馬、米蘭、佛羅倫斯等城市都有巴士，但佛羅倫斯沒有地鐵，所以巴士成了主要交通工具，分為一般巴士（有 80 條巴士線）和觀光巴士（分 A、B 兩條路線）。

計程車

義大利的計程車為白色，根據 2014 年搭乘計程車的價格，羅馬起跳是 3.1 歐元，佛羅倫斯起跳是 3.5 歐元。在義大利搭計程車最好不要半路攔車，而要到計程車招呼站（Taxi Stand）搭車，或是請飯店或餐廳幫忙叫計程車，通常出發時就會開始跳表，等到來接你時，已不是起跳的價格了。

威尼斯公船

由於威尼斯為水都，仰賴水上交通工具，因此威尼斯公船（waterbus）又稱水上巴士，就是威尼斯的「公車」。因為票價時常更動，所以若要知道最新票價資訊，請上網查詢（actv.avmspa.it/en/content/prices#C1）。

購票

在義大利購買車票其實很簡單，由於每個城市的交通公司只有一家（全都是聯營的），因此一律採通用票卡，可在時限內（通常 60 分鐘內為有效票），搭乘巴士、地鐵或路面電車（火車除外）。

旅遊安全及應對方法

防範扒手與騙子

從世界各國前來義大利的遊客很多，不少扒手就會伺機而動，因此貴重物品要分秒不離身，尤其是錢包，一定得放在最貼身的地方，建議在腰部繫個隱形錢包比較安全，貴重物品也不宜揹在身後的背包。在羅馬競技場附近，會有一些裝扮成古羅馬戰士的人，剛開始跟他們拍照會說 Free（免費），但之後就要收錢；或是米蘭大教堂前，會有人直接拿鴿子飼料給你，等餵完了再向你收錢，建議在義大利旅行不要隨便讓陌生人靠近你。

護照失竊須知

出國旅遊前，可以將護照、簽證、機票多影印幾份，分開放於行李中，或是請親友代為保管一份。如果證件遺失，就可以直接拿出影印本掛失。倘若護照遺失了，可先向當地警察報案，並取得報案證明，再到義大利的駐臺北辦事處（位在羅馬），申請補發。

需注意的危險區域

一般來說，北義的城市比南義治安好上許多，但北義的大城市，如羅馬、威尼斯、米蘭，會有一些吉普賽人，他們通常穿著鮮豔的衣服，用各種手段騙你，像是把小嬰兒交給你、賣你價格不菲的紀念品，或是故意撞你一下，讓你失去戒心後，請同夥藉機扒走貴重物品，所以看到吉普賽人離得越遠越好。

如果在南義旅遊，就必須更注意機車行搶的事件，尤其是拿坡里。

義大利用餐須知

用餐禮儀

義大利人很注重穿著打扮，在當地用餐最好穿著整齊得體。吃義大利麵時，可用叉子將麵捲成一團，用餐時盡量不要發出聲音，喝湯應該由內向外舀起。義大利人飯後普遍不喝卡布其諾或拿鐵之類含奶的咖啡，他們認為喝牛奶不能幫助消化，而且這種喝法非常沒品味。

用餐順序

在義大利吃一頓正式的飯，通常會先來點前菜，接著第一道菜（通常是麵、燉飯）、第二道菜（通常是肉類、海鮮加配菜），最後為甜點及咖啡。

餐廳種類

- **正式餐廳**（Ristorante）：提供乾淨舒適的環境與高級的料理，收費較昂貴，需事先預約。
- **小酒館**（Osteria）：大部分以飲酒為主，會提供一些下酒菜，在威尼斯境內小酒館文化很風行。
- **披薩店**（Pizzeria）：大多中午過後甚至傍晚才會營業，可以入內消費或外帶，價格較一般餐廳便宜。
- **義大利麵專賣店**（Spaghetteria）：店內多為義大利麵、三明治、麵包等輕食為主的餐飲，價格通常比較合理。
- **自助餐館**（Self-Service）：自助餐館可以清楚看到菜色，價位平實，用餐環境也乾淨，適合各種遊客。

其他

- **貨幣**：義大利目前的通用貨幣為歐元，此趟 2015 年的義大利之旅，歐元換算大約是「1 歐元 = 36.8 臺幣」，匯率時有差異，請上網查詢。
- **飲水**：義大利的水可以生飲，但各地水質不同。若不敢生飲，可買礦泉水，而到餐廳喝水也需要付費，礦泉水的價格通常為 0.2 ～ 1 歐元左右不等，有氣泡的為 Acqua gassata 或 Frizzante，沒氣泡的則為 Acqua minerale。

- **廁所**：義大利的廁所有分付費和免費，去咖啡店、餐廳或超市一定要把握時間上廁所，因為火車站或觀光景點的廁所通常都需付 0.5 ～ 1 歐元的費用。
- **轉接插座**：大部分是 2 ～ 3 孔的轉接插座，目前大部分的手機和電腦都是萬國通用電壓，只需帶轉接插座即可。
- **郵政**：義大利的郵局為 Poste Italiane，服務態度比較散漫，郵寄速度不一，如果是重要文件建議以快捷（Posta prioritaria）方式寄送。

重要電話

- **旅外國人急難救助全球免付費專線**：00-800-0885-0885。
- **駐義大利臺北代表處**（Ufficio di Rappresentanza di Taipei in Italia），地址：Viale Liegi 17, 00198 Roma, Italia，電話：（39-06）9826-2800。
- **若在義大利遭遇急難事件**，可立即撥打代表處緊急聯絡電話：3668066434、3403868580；或是直接（或由國內親友）與外交部「旅外國人急難救助聯繫中心」聯絡，電話：（03）398-2629、（03）393-2628、（03）383-4849、（02）2348-2999 及 0912-581-001，24 小時都有專人接聽。

義見鍾情

155

義大利北部之旅

住宿及購物建議

住宿建議

- **飯店旅館**：義大利的旅館通常以星級來區分，分為一至五顆星，一星級旅館每晚上約折合 1,000 ~ 2,000 臺幣即可入住，五星級旅館約折合 10,000 臺幣以上。
- **民宿**：民宿通常相當於一星級到三星級的旅館，費用約折合 1,000 ~ 2,000 臺幣左右。
- **青年旅館**：青年旅館通常又比民宿便宜，每晚約折合 500 臺幣即可入住。
- **農莊**：義大利有許多鄉村的農莊，皆有住宿服務，有些農莊還提供廚房自炊，讓遊客可以享受當地料理之樂。

訂房網站

- 現在要上網預訂義大利的旅館，用中文就可以訂閱相當方便，以下這個網站可預訂旅館、民宿、青年旅館等，網址：www.tripadvisor.com.tw/SmartDeals-g187768-Italy-Hotel-Deals.html。
- 義大利農莊預訂網站：www.agriturismo.it。

購物建議

　　義大利是個購物天堂，尤其各大名牌，在當地購買的價格都比臺灣便宜，但由於我個人不買名牌，只能提供一些預算較有限度的建議，根據我的經驗購買摩卡壺、咖啡豆（粉）、酒、醋、橄欖油、小飾品、各種糖果等，較為划算。

國家圖書館出版品預行編目資料

「義」見鍾情:義大利北部之旅 / 李馥、Karl Wang文·
攝影. -- 初版. -- 臺北市：華成圖書，2016.06
面 ; 公分. --（自主行系列；B6185）
ISBN 978-986-192-281-2（平裝）

1. 自助旅行 2. 義大利

745.09   105005301

自主行系列　　B6185

「義」見鍾情：義大利北部之旅

作　　者／李馥、Karl Wang

出版發行／華杏出版機構
　　　　　華成圖書出版股份有限公司
　　　　　www.far-reaching.com.tw
　　　　　11493 台北市內湖區洲子街 72 號 5 樓（愛丁堡科技中心）
　　　　　戶　　名　華成圖書出版股份有限公司
　　　　　郵政劃撥　19590886
　　　　　e-mail　huacheng@farseeing.com.tw
　　　　　電　　話　02-27975050
　　　　　傳　　真　02-87972007
　　　　　華杏網址　www.farseeing.com.tw
　　　　　e-mail fars@ms6.hinet.net
　　　　　華成創辦人　　郭麗群
　　　　　發 行 人　　　蕭聿雯
　　　　　總 經 理　　　熊芸
　　　　　法 律 顧 問　　蕭雄淋・陳淑貞

　　　　　總 編 輯　　　周慧珥
　　　　　企 劃 主 編　　蔡承恩
　　　　　執 行 編 輯　　張靜怡
　　　　　美 術 設 計　　林亞楠
　　　　　行 銷 企 劃　　林舜婷
　　　　　印 務 專 員　　何麗英

定　　價／以封底定價為準
出 版 印 刷／2016年6月初版1刷

總 經 銷／知己圖書股份有限公司
　　　　　台中市工業區30路1號　　電話 04-23595819　　傳真 04-23597123

版權所有　翻印必究　Printed in Taiwan　　◆本書如有缺頁、破損或裝訂錯誤，請寄回總經銷更換◆

☺讀者回函卡

謝謝您購買此書,為了加強對讀者的服務,請詳細填寫本回函卡,寄回給我們(免貼郵票)或 E-mail至huacheng@farseeing.com.tw給予建議,您即可不定期收到本公司的出版訊息!

您所購買的書名/_____ 購買書店名/_____

您的姓名/_____ 聯絡電話/_____

您的性別/□男 □女   您的生日/西元_____年____月____日

您的通訊地址/□□□□□_____

您的電子郵件信箱/_____

您的職業/□學生 □軍公教 □金融 □服務 □資訊 □製造 □自由 □傳播
　　　　　□農漁牧 □家管 □退休 □其他

您的學歷/□國中(含以下) □高中(職) □大學(大專) □研究所(含以上)

您從何處得知本書訊息/(可複選)

□書店 □網路 □報紙 □雜誌 □電視 □廣播 □他人推薦 □其他

您經常的購書習慣/(可複選)

□書店購買 □網路購書 □傳真訂購 □郵政劃撥 □其他_____

您覺得本書價格/□合理 □偏高 □便宜

您對本書的評價(請填代號/ 1.非常滿意 2.滿意 3.尚可 4.不滿意 5.非常不滿意)

封面設計_____ 版面編排_____ 書名_____ 內容_____ 文筆_____

您對於讀完本書後感到/□收穫很大 □有點小收穫 □沒有收穫

您會推薦本書給別人嗎/□會 □不會 □不一定

您希望閱讀到什麼類型的書籍/_____

您對本書及我們的建議/

廣 告 回 信
台 北 郵 局 登 記 證
台北廣字第000526號

免 貼 郵 票

華杏出版機構

華成圖書出版股份有限公司　收

11493 台北市內湖區洲子街 72 號 5F（愛丁堡科技中心）
TEL/02-27975050

（沿線剪下）

（對折黏貼後，即可直接郵寄）

☺ 本公司為求提升品質特別設計這份「讀者回函卡」，懇請惠予意見，幫助我們更上一層樓。感謝您的支持與愛護！

www.far-reaching.com.tw　　　請將　B6185　「讀者回函卡」寄回或傳真 (02) 8797-2007